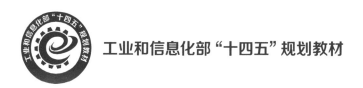

工业和信息化部"十四五"规划教材

信息可视化设计

郝亚维　张博文◎编著

INFORMATION
VISUALIZATION DESIGN

北京理工大学出版社

BEIJING INSTITUTE OF TECHNOLOGY PRESS

图书在版编目（ＣＩＰ）数据

信息可视化设计 / 郝亚维，张博文编著． —— 北京：
北京理工大学出版社，2023.1（2025.7重印）
ISBN 978 - 7 - 5763 - 2005 - 3

Ⅰ．①信… Ⅱ．①郝… ②张… Ⅲ．①视觉设计
Ⅳ．①J062

中国国家版本馆 CIP 数据核字（2023）第 001956 号

出版发行 / 北京理工大学出版社有限责任公司
社　　　址 / 北京市海淀区中关村南大街 5 号
邮　　　编 / 100081
电　　　话 / （010）68914775（总编室）
　　　　　　 （010）82562903（教材售后服务热线）
　　　　　　 （010）68944723（其他图书服务热线）
网　　　址 / http：//www.bitpress.com.cn
经　　　销 / 全国各地新华书店
印　　　刷 / 廊坊市印艺阁数字科技有限公司
开　　　本 / 787 毫米 × 1092 毫米　1/16
印　　　张 / 12.75　　　　　　　　　　　　　　　责任编辑 / 刘　派
字　　　数 / 319 千字　　　　　　　　　　　　　　文案编辑 / 李丁一
版　　　次 / 2023 年 1 月第 1 版　2025 年 7 月第 5 次印刷　　责任校对 / 周瑞红
定　　　价 / 88.00 元　　　　　　　　　　　　　　责任印制 / 李志强

作 者 简 介

郝亚维，女，北京理工大学设计与艺术学院视觉传达设计系副教授，博士。

主要从事视觉图形设计、信息设计的研究。从教 20 年来经验丰富，担任多门本科生和研究生重点专业课程的教学，其中本科课程为信息可视化设计，研究生课程为图像视觉语言和生成分析。围绕信息可视化设计教学成果丰厚。设计作品多次获得国内、国际奖项。出版多部教材、专著，发表多篇学术论文。

张博文，女，郑州轻工业大学艺术设计学院数字媒体系讲师，博士。

主要从事媒体与传达设计研究，主持参与 7 项省厅级以上项目，曾获省哲学社会科学优秀成果三等奖、省高等教育教学改革成果二等奖。在国内外学术期刊发表 10 余篇学术论文；设计作品多次入选参展全球艺术设计类平台和设计类国际性双年展，并先后在加拿大、韩国、缅甸等国及国内文化展览中心展览。

序

　　我们用语言难以表述清楚复杂的问题，如果借助于图形来说明，效果就会好得多。那些复杂难懂的逻辑关系，分分钟会让你乱了头绪甚至遗漏关键点，但如果有图形辅助就不一样了，我们可以迅速找到表述亮点或表述事件的主干，这样能让主题和思路清晰。信息可视化设计就有这样的魔力，它是隶属于视觉传达的一种设计，它是以凝练、直观和清晰的视觉语言，通过梳理数据构建图形，通过图形构建符号，通过符号构建信息，以视觉化的逻辑语言对信息进行剖析的视觉传达方式。

　　2013 年，我带领研究生张博文进行敦煌莫高窟的信息可视化设计项目课题的调研和设计工作。在敦煌多次实地调研后，尝试进行莫高窟信息数据可视化设计，以信息图表的设计为主，经过数据的整理和分析归纳以视觉可视化的形式将莫高窟的知识信息展示给普通大众，也就是把那些专业的文献资料以视觉的语言转换成简单易懂的视觉信息，继而达到信息的传递。

　　第一步，明确设计的受众群——普通大众。考虑到大多数受众既不易花时间去看莫高窟的专业数据，又不一定看得懂那些繁杂、枯燥且毫无美感的数据信息，因此要求设计不仅要简单易懂，而且要具有强烈的视觉感，把莫高窟的知识信息更有效地传递给普通大众。

　　第二步，明确设计方向——价值和运用。设计出来的莫高窟信息数据可视化作品要有其独有的价值，可以运用到图书馆或电子书或 App 软件上进行莫高窟文化信息数据的宣传。

　　敦煌莫高窟的信息可视化作品很多，国家敦煌研究院做了很多专业的整理工作。我们制作的信息可视化内容是莫高窟的地理位置与年代、莫高窟彩塑信息、二维信息可视化图表设计和交互界面设计（序图 1、序图 2）。

　　从 2013 年至今，我们对信息可视化设计的教学研究和学习探索也是见证信息可视化设计不断发展的历程。本书是近几年针对本科生和研究生设计类信息可视化课程教学的一些总结，同时在课程设计案例中重点进行了"十四五"期间科技方向的信息可视化设计，有科学知识普及的针对性；完成的作品结合交互设计，呈现从静态到交互信息可视化作品的设计构思。在教学中能体现国家意志和正能量，在作品调研中能站稳中国立场，创作中鼓励学生增强了民族自信心。在这部分课程的教学中，感谢阿里巴巴阿里云设计中心的合作教学，感谢杨珊、张旭、戴森三位老师的课业指导。

多年过去了，我的学生张博文也成为了卓越的大学老师，并协助我共同完成此书，我深感欣慰。本书仅汇集了教学的点滴成果，难免有遗漏或错误，敬请读者指正。

序图1

序图2

目 录
CONTENTS

第一章

信息的设计与视觉传达

一、新读图时代

在遥远的史前文明时期，人们就已经开始创造信息图形——洞穴壁画（图1-1）。随着人类社会的发展，又出现了信息可视化设计的图形，如地图和数据图表等。回顾信息可视化发展史不难发现，图形和文字一直是相伴相生、难舍难分的。

图1-1 史前洞穴壁画（局部）

自公元前第一张地图的出现便开始了它辉煌的数千年盛世。第一张地图除了用图标标注战役的名字和货物存储的地点外，还加入了文字，使得地图变成了不仅带有含义的早期图表，还成为描述生活环境、生态状态等有着抽象图形和具象文字的综合类数据信息类图表。

将信息等数据用形象化的方式展现出来，是中世纪学者的一大创举。特别是18世纪后期数据图形学诞生以来，抽象信息的视觉表达手段一直被用来揭示数据及其他隐匿模式的奥秘。20世纪90年代问世的图形化界面设计使人们能够直接与可视化的信息进行交互，从而造就和带动了信息可视化设计研究。图形化界面设计通过对人类视觉能力的充分利用，使抽象信息变得具象而易于理解，从而增强了人类的认知能力。

随着近几年的网络和大数据等技术的发展，信息可视化设计也逐渐以一个全新的面貌呈现在人们面前。特别是进入信息时代以来，随着互联网、移动通信和广告传媒技术的发展，信息传播的传播速度和范围急剧扩大，电视、电影和公共设施开始向社会群体进行大规模信息轰炸。在这样的文化背景下，消费者更倾向于"读图"而不是"读字"，也诱发了消费者对信息的一种更加特殊的需求，原来的记录和统计的繁杂图表变得不仅仅是一个普普通通的图表媒介，而是已演变成记录和传播信息不可或缺的一部分，与人们日常的工作与学习紧密地连接在一起，新读图时代已然到来（图1-2）。

（a）　　　　　　　　　　　　　　　　　（b）

图 1-2　运用智能媒介的新读图时代

（a）手机界面图表；（b）城市多媒体信息公共设施

二、信息可视化设计概论

（一）什么是信息

信息（Information）是一个高度概括的抽象概念，最初作为一个科学术语出现在哈特莱1928年的论文《信息传输》中，自20世纪40年代信息论的奠基人香农给"信息"定义为"对不确定性的消除量"，此后，许多研究者根据自己的研究领域提出了不同定义。

美国用户体验专家内森·谢卓夫在其著作《交互信息设计：设计的统一理论》中指出："信息是有定义、结构化、有事实和有符号的，是有目的地处理和处理数据的结合。"

我国信息理论专家钟义信指出："信息不等同于消息，消息只是信息的外壳，信息是消息的内核；信息也不等同于信号，信号是信息的承载者，信息是负载的内容；信息也不等同于数据，数据是一种记录信息的形式，相同的信息也可以用文字、图像等来表达。"简而言之，"信息即事物运动的状态与方式"，人们能够通过获取和识别不同的自然界和社会信息来区分不同的事物，从而了解和改造世界。

（二）什么是信息图表设计

那些复杂难懂的信息和逻辑关系，如果有图形辅助就可以让人们迅速找到表述亮点或表述事件的主干，这样能让主题和信息清晰易懂。

信息图表设计就有这样的魔力，它是隶属于视觉传达的一种设计，以凝练、直观和清晰的视觉语言，通过梳理数据构建图形、通过图形构建符号、通过符号构建信息，以视觉化的逻辑语言对信息进行剖析的视觉传达方式。

信息图表又称为信息图，是指对信息、数据或知识的可视化表现形式，现在已经越来越广泛地应用于文化教育、科学研究、经济、商业和交通等各个领域，旨在运用图形语言传递信息，使复杂的信息变得简单易懂；不管民众的受教育程度如何，都可以通过这一系统的帮助达成理解与认知，即信息、数据和知识的视觉化表达。信息图表经常被用来高效、清晰地传递复杂的信息，如标签、地图、新闻，技术文档、教材等。图1-3的信息图表可视化设计作品《照相机》表达了照相机的机身结构和照相原理，运用图画分解机械结构和图标化说明使得信息清晰，容易让人理解。此外，信息图表还被广泛应用于计算机科学、数学和统计学领域，以优化信息的传递。

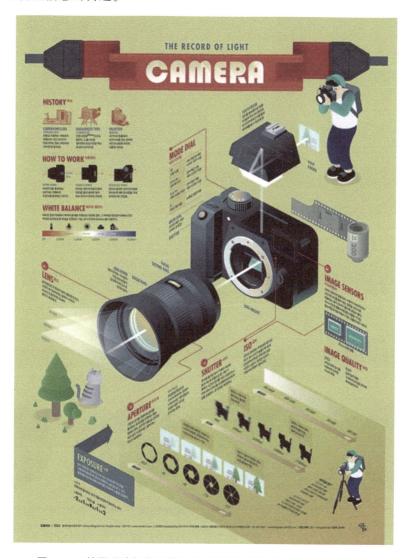

图1-3　韩国设计师张圣焕的信息图表可视化设计作品《照相机》

如今，信息图表已经渗透到人们生活的方方面面：多媒体信息展示、报纸上的新闻图表、街道上的停车标志、手册中的说明图表等。通过视觉化信息表达，一些信息的传递过程不再像文本形式那样笨拙，信息图在越来越多领域发挥着其高效清晰的优势；并且越来越多的图表在信息传达时摒弃了一贯的数据展示形式，代之以数据与图形的巧妙组合，这样不仅强调了信息的视觉表现效果，而且使信息传递的过程充满了创意、艺术、文化与生命力。图1-4为"凯度信息之美"金奖设计作品《心智的结构》（2018年）。

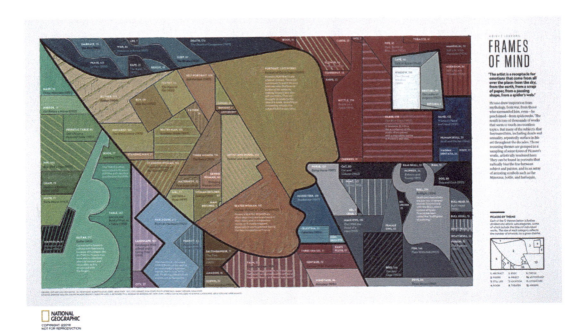

图 1-4　"凯度信息之美"金奖设计作品《心智的结构》（2018 年）

信息图表的发展可以归纳为：早期数据列表→清晰数据图→有目的地引导视觉观察→抽象符号的应用（图 1-5），图形呈现的形式不同，阅读的效果也各不相同。目前信息图表的使用范围和应用领域随着科学技术的发展早已不局限在地理、数学、统计学等领域，而是只要包含信息都可以使用这种方式来表示。视觉策划和整合、人机交互界面等领域通过对数据、心理、视觉流程综合的学习和整合可以调节信息阅读和理解的方法，为人们的信息生活带来更多的便利。

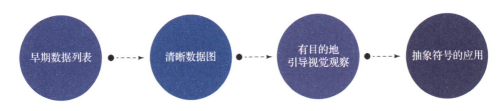

图 1-5　信息图表的发展

总之，作为一种新型信息架构的组织形式，信息图表设计以图形要素为视觉主体，在内容传播方面的转化效率是文字和语言交流不可比拟的。正如视觉传播理论的作者保罗·马丁·莱斯特在其著作里所论述的那样："我们正迎来一个视觉化的时代，对大多数人来说，完成对世界的理解，不是通过文字，而是通过阅读图像。"

（三）理解信息可视化设计

近年来，信息可视化设计或者数据可视化设计已经是视觉传达设计专业的必修课程。随着商业社会信息整合，大数据时代来临的背景下，视觉化信息已经是设计的重要内容和课题。由早期的信息图形、信息图表到信息可视化设计或数据可视化设计（称谓有变化），都是围绕信息进行视觉的设计。2020 年，互联网时代的信息可视化设计作品《云游敦煌》（图 1－6）以新的互联网移动端交互形式进行展示，提供给观者更直观、更沉浸化的体验。

图 1－6　信息可视化作品《云游敦煌》（2020 年）

1. 定义

信息可视化（Information Visualization）是把大量的数据、知识等信息转化为人类的一种视觉形式。数据信息可视化过程中充分运用人类对图像、图形等可视模式快速识别的能力，通过有效的可视画面来观察、研究、分析、操纵、过滤和理解大量的数据，进而能够实现直接的解释和分析，形象地表现和模拟大规模数据，以此来发现或探索数据内部隐藏的特征以及规律，从而提高人们对事物的观察能力、记忆水平以及理解能力，促进人们对某一事物的整体概念的掌握。

信息可视化领域包括数据可视化、信息图形、知识可视化、科学可视化以及视觉设计（图 1－7）。从某种意义上说，任何事物如果加以充分适当的组织整理，都是一类信息，如表格、图形、地图，无论其是静态的还是动态的，都将为人们提供某种方式或手段，从而使人们能够洞察信息其中的内涵，找出问题的答案，发现形形色色的关系，或许还能让人们理解在其他形式的情况下不易发现的事情。可以说，信息可视化是用来增强认知抽象数据的计算机支持的交互式视觉展示。

信息可视化设计致力于创建以直观方式传达抽象信息的手段和方法。信息可视化设计的表达形式与交互技术则是利用人类眼睛向心灵传输大量数据的优势，使得用户能够目睹、探索并立即理解大量的信息。

自 18 世纪后期数据图形学诞生以来，抽象信息的视觉表达手段一直被人们用来揭示数

图1-7　信息可视化领域

据及其他隐匿模式的奥秘。20世纪90年代问世的图形化界面设计，则使人们能够直接与可视化的信息进行交互，从而造就和带动了十多年来的信息可视化研究。信息可视化试图通过利用人类的视觉能力来搞清抽象信息的意义，从而增强人类的认知能力，至此，具有固定知觉能力的人类就能驾驭日益增多的数据信息。

　　"信息可视化"这个术语第一次出现在斯图尔特·卡德、约克·麦金利和乔治·罗伯逊在1989年发表的文章《用于交互性用户界面的认知协处理器》中。他们认为，硬件系统的图形性能和速度已经使得用户在界面中探索3D和动画成为可能，而信息可视化是对解决上述两个问题要求最迫切的领域，因此，他们开始进行试验，利用2D和3D动画来表示信息和信息的结构。此后，信息可视化方面的研究和文献陆续出现。

2. 范畴

　　中文语境的"信息可视化"对应的英文语境是"Lnformation Visualization"。该术语最早由斯图尔特·卡德、约克·麦金利和乔治·罗伯逊于1989年提出。信息可视化并不是无源之水，斯图尔特·卡德在1999年的报告中指出，20世纪90年代兴起的信息可视化议题实际上早在信息图形领域、统计学领域、可视化技术领域、人工智能领域这几个领域就有所体现（图1-8）。

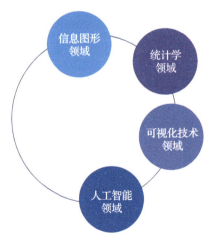

图1-8　20世纪90年代信息可视化涉及领域

　　（1）信息图形领域。18世纪末期的威廉·普莱费尔被公认为数据图形设计之父和经典绘图方法的创造者。他在1786年的文章《商业和政治图集》中运用了44个时间序列图表来说明经济增长的复杂变化，展示了"1700—1782年，英国的贸易进出口"。他同时也被认为很可能是条形图表的创造者。他对于经济数据的时间连续性的重视使他将多年的数据连接起来，开创了时间序列的线性表达。

　　自从经典的绘图方法建立以来，1967年，雅克·贝尔坦率先发表了图形学理论。该理论确定了构成图形的基本要素，并且描述了一种关于图形设计的框架。1983年，爱德华·塔夫特发表了关于数据图形学的理论，强调有用信息密度的最大化问题，这实际上正是信息可视化的本质。后来，雅克·贝尔坦和爱德华·塔夫特的理论在形形色色的领域当中变得闻名退迹，且富于影响力，从而使信息可视化发展成了一门学科。

（2）统计学领域。1977 年，美国著名统计学家约翰·图基根据自己在"探索性数据分析"方面的工作发起了一项影响整个数据图形学领域的运动。这项工作的重点并不是图形的质量，而是从统计学的角度，利用图片来迅速实现对数据的深入洞察。例如，在统计分析过程中，象形图可使人们立即看到 4 个反映整体数据特征的重要的数值。威廉·克利夫兰在其 1988 年的著作《统计学动态制图法》中详细阐述了新的数据可视化手段。他在这本著作中提出了对于多元变量数据集的可视化处理问题，而这一问题正是统计科学对数据多元化多维化发展趋势的回应。

（3）可视化技术领域。硬件进步带来了计算机图形学的发展，这使得用户界面从单线性的指令式发展到多向的交互式。在本什内德曼看来，这种进步为"可视化与图形学、人机交互、计算机科学、视觉设计乃至心理学产生了交叉结合的可能性"。

当今世界视觉化和全球化的趋势日益凸显，海量的信息数据必须快速、有效地传递给用户。如今随着信息可视化平台的拓展、应用领域的增加、表现形式的不断变化以及实时动态效果、用户交互使用等技术的创新，信息可视化像所有新兴概念一样边界不断扩大。在这个信息汹涌的社会，可视化技术研究和应用开发已经从根本上改变了人们表示和理解大型复杂数据的方式。可视化的影响广泛而深入，引导人们获得新的洞察和有效的决策。

近几年来，随着互联网的飞速发展，商业数据的大量计算、电子商务的全面展开以及数据仓库的大规模应用，产生了更广泛的需求。可视化技术不仅要用于科学数据，而且要作为一个基本工具应用于抽象信息，揭示信息之间的关系和信息中隐藏的特征。非物理信息可以通过映射为一种可视化形式来方便观察，而这些信息都没有明显的空间特征。除了如何绘制对象的可视化属性的问题以外，更重要的问题是如何把非空间抽象信息映射为有效的可视化形式，这就是信息可视化的研究范畴。

（4）人工智能领域。1957 年，罗森布拉特提出了机器学习领域中的人工神经网络模型，科学家们开始尝试使用数学模型来模拟人的神经元以及神经网络，以实现机器系统对于人脑决策系统的模拟。人工智能对于信息可视化领域发展的影响主要体现在可视化设计流程的自动化，约克·麦金利的学位论文就曾对这一方面进行过深入的探讨。他在巩固雅克·贝尔坦的设计理念的同时，进一步添加了结合人工神经网络的精神物理学数据和相应的产生式呈现方法。

除了可视化产生形式的变化，人工智能对于可视化的影响还体现在其设计语言和传播方式上。在传播载体上，人工智能带来的便捷性改变了传统的信息可视化传播模式，可以给受众带来多维度的体验感；在设计语言上，人工智能为可视化设计者提供了更为先进的设计工具和设计体验，甚至对设计者的思维方式都产生了潜移默化的影响。

从学科外延上，信息可视化是科学可视化、人机交互、数据挖掘、图像技术、图形学和认知科学等理论与方法的结合；从学科内涵上，信息可视化是研究人与计算机所表达的信息及其相互作用的技术，是人与信息之间可视化界面的呈现，是人机交互技术的重要应用领域。

综上所述，信息可视化是一门日益发展的学科，并且是对人的认知能力提高方式的议题有重大关切的学科。

3. 内涵

数据信息可视化涉及的内涵包括信息、思维、设计和艺术（图 1-9）。

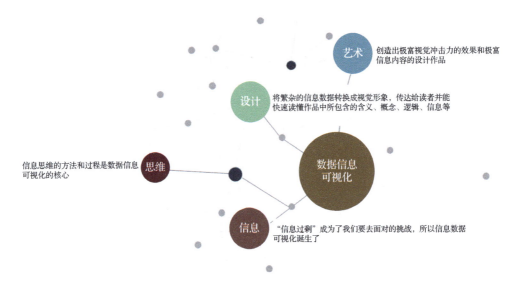

图 1-9 数据信息可视化涉及的内涵

（1）信息。社会性是人的根本属性。作为社会的人，不断适应社会环境的发展变化是我们生存和成长必须遵循的法则。我们每天都要及时地了解世界，还要与时俱进地学习和提升自我。所以，我们每天的第一件事往往都是打开手机、电视、电脑，连上网络。就在这个动作的瞬间，信息就如同暴风狂雨般向我们袭来。不管我们是否想要，信息都一股脑地传递给我们，占据着我们仅剩的闲暇时间，逼着我们随之游走。因而，思考对于现代人来说就成了一件奢侈的事。正因为来不及去看去想，"信息过剩"就成为我们所必须面对的挑战，信息数据可视化便应运而生了。我们可以利用其全球通用的"视觉语言"对信息数据可视化的过程作一个详细的分析，并且使人们学会将复杂的信息条理化、视觉化、简单化，以便更快地从信息中得到知识继而创造价值，在未来的信息之战中取得胜利。

（2）思维。在这个信息极度膨胀的时代，我们不得不用最简单、最直白的语言与别人沟通交流，所以学会思维就成了一件我们不得不去面对的事情。思维又与信息挂钩，用批判的眼光将思维与没有意义的信息剥离开，将成为我们未来生活必须掌握的最重要的方式。

信息可视化的思维方式则是未来世界的发展趋势，它迫使人们钻研人脑与思维之间的关系，了解数据分析的方法，学会去讲述故事，并擅长艺术与设计的创作；同时，将全部有用的信息内容在一个画面上完整地表现出来。要做到精简信息文字、宏观地掌握自己的设计思路并客观地看待作品的信息传递成效，其中的感性与理性缺一不可。所以，在整个信息可视化设计中，信息思维的方法和过程是其核心。

（3）设计。视觉可视化设计是跨多专业领域的特殊学科，同时又是一个极具应用价值的设计。其整个思维和设计的过程都是包含着讲故事的分析语言，所以要先把信息整合筛选，并制作出"思维导图"，即用更接近人们思考的空间网状结构来设计信息，并将信息罗列出来；然后再将所要展现的信息针对不同的内容与层次创作设计出"分镜头语言"，也就是按照故事顺序将繁杂的信息数据转换成视觉形象，使读者能够最快速地将视觉符号与所要传递的信息内容自然地联系到一起，并能快速读懂作品中所包含的含义、概念、逻辑等。

（4）艺术。信息可视化不仅仅是"信息+图像"简单的设计，它需要以信息内容为核心，通过对信息的收集、分析、筛选，理清思路，再运用巧妙的构思和独特的符合内容的创作，将要传递的信息内容用讲故事的方式展现出来；同时，运用艺术化的表现手法，创造出极富视觉冲击力的效果和极富信息内容的设计作品。其中，最难的当属怎样将感性艺术创作与理性逻辑思维的冲突表达出来。

4. 意义

信息可视化是一种将不可见的数值或者其他类型的数据转化为可见的表现形式，并从信息的更深层次获得认知的一个过程。信息可视化将复杂的信息以图形图像的形式表现，让这些信息变得更易懂，可以让受众快速地理解信息，所以说，信息可视化也是一种放大人类感知的图形化表现方式。

信息可视化设计将信息数据与图形连接起来，能够简洁高效地将信息传递给受众。它将文字、数据或者概念提炼并简化，使得视觉中枢能更敏感地观察到其中重要的信息，并容易理解的可视化设计展示的信息。图1-10为"凯度信息之美"金奖设计作品《食品的节奏》。该作品使得受众能轻松愉快地接收信息。作品将数据、文字或者表格制作成更易于理解的形式，在处理大数据的时候能简明扼要地突出重点，并弥补受众之间的知识差距，将复杂的信息图形化、简单化，扫除了受众的学习障碍并加强了学习能力。直观地将数据展现出来，受众能更好地理解数字背后的意义。图1-11为希瑟·琼斯的信息图表作品《权力的游戏解码》。

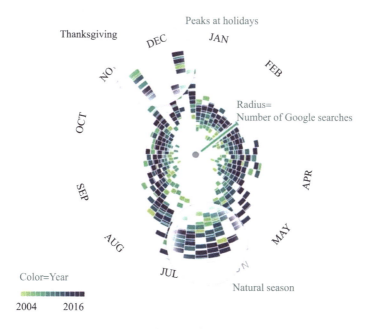

APRICOT

图1-10　"凯度信息之美"金奖设计作品《食物的节奏》（2017年）

图1-11　信息图表作品《权力的游戏解码》（作者：希瑟·琼斯，2014年）

　　信息可视化研究逐步深化的同时，信息量和类型也在不断扩大，可视化的方式作出了相应补充。如今的信息可视化涵盖信息收集转换综合处理、视觉设计、数字媒体艺术、格式塔心理学和马斯洛需求理论等多领域归纳应用呈现信息的方法。图1-12是信息可视化在现代艺术设计领域的新形式、新方向。

三、信息可视化设计的科学与艺术

（一）信息可视化的现状

　　当今社会已经进入了图像时代，相对于文字，图像对于信息的传播有强烈的视觉冲击力，图像的特征更加直观、生动。例如，在当今竞争激烈的市场经济中，产品不仅要有高质量，而且要有良好的品牌形象和对大众的吸引力，这种从外部到内部的吸引力如果仅仅以文

图 1－12　信息可视化装置设计作品《IBM 科技花园》（2019 年）

字信息来表达是不够的，因为商品的吸引力需要在情感上感染用户，文字在信息传播的媒介中受到地域的限制，有"不可通性"的特点。人类在漫长的文化历史中一直在努力寻找一种通用的语言。如今图像取代文本的视觉信息转化已成为当下的现状。

　　从精准传达视觉信息的视角，图形的简洁统一是传达信息的一种更有效的方式。人类生来就具有用图形表达客观世界的能力，人类在还不会写字的时候就本能地用笔涂鸦，原始人类就用绘画符号记录信息。虽然世界上的语言和文字是不一样的，但人们对图形的视觉感知力是基本相同的，因此图形表达信息是超越国家的通用通信语言，视觉符号设计后的图形形象在信息的传播和交流中发挥着极为重要的作用。图 1－13 为信息可视化图形设计作品《关于叙利亚历史》。

　　从媒介技术发展的视角，数码相机、网络多媒体等电子传媒的一个重要特点就是用图像符号替代了非具象性的符号，由于它们用图像直接作用于人的视觉，消除了人们的知觉与符号之间的距离，消除了从符号的所指到能指之间的思维过程。美国文化研究学者尼古拉斯·米尔佐夫说："新的视觉文化最惊人的特征之一是它越来越趋于把那些本身并非视觉性的东西视觉化。"特别是伴随着技术发明与数字媒介的不断推陈出新，数码产品的廉价销售使大众成为图像的消费者与潜在的图像生产者，人们越来越无法摆脱对图像的依赖。图像时代的日常生活重构了人们的社会关系与感觉方式，也使得人们的生活方式与交往方式得以改变。图 1－14 为传感器数据可视化作品《人工感官》。

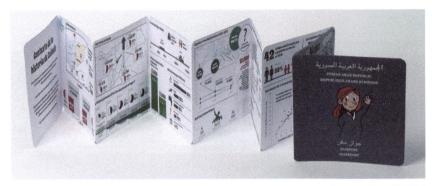

图 1-13　信息可视化图形设计作品《关于叙利亚历史》（作者：金·阿尔布雷希特，2018 年）

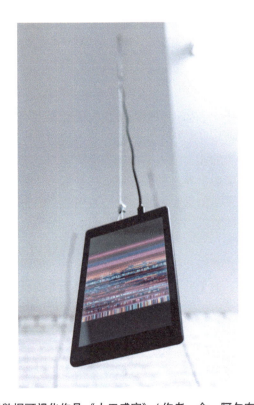

图 1-14　传感器数据可视化作品《人工感官》（作者：金·阿尔布雷希特，2018 年）

　　从用户行为与需求改变的视角，人们传统的阅读信息体验是以文字印刷文化为主的文本阅读。由于生活方式和文化接收容量的改变，到了现代，人们对于信息的接受模式则转变成直接追求视觉感官快感的体验。纯文字的信息对于接收者的文化有一定要求，强调对于文字信息的认知性、象征内容有抽象的思维方式，要把文字转化为特定的象征信息是有一定速度的要求。摄影、影像技术的发展使得图形、图像更多、更真实地充实于人们生活的各个角落。而图像的直观性、娱乐性迎合了人们视觉感官的需要，也符合当下"快读信息"的生活要求。图1-15为信息可视化设计作品《为什么医疗保健如此昂贵》。

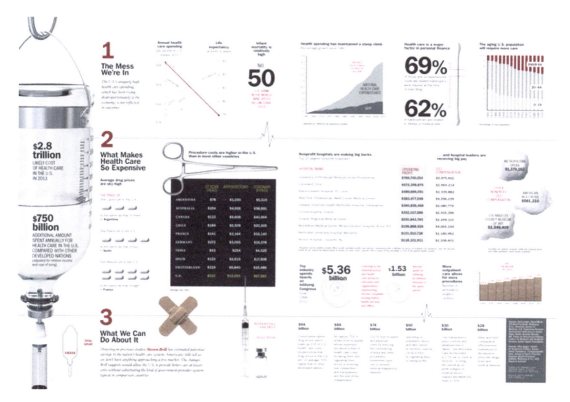

图1-15　信息可视化设计作品《为什么医疗保健如此昂贵》（作者：希瑟·琼斯，2013年）

（二）信息可视化设计的特征

　　1983年，美国认知心理学的创始人乔治·米勒创造了信息"informavore"一词来描述人类渴求信息的行为。乔治·米勒认为："就像身体靠吸收负熵而生存一样，大脑也靠吸收信息而生存。"法国学者米歇尔·德赛图也指出，今天"从电视到报纸、从广告到各类商业形象，我们的社会充斥着像癌症一样疯长的视觉形象，所有东西的价值都取决于显示或被显示的能力，谈话也被转化为视觉过程"。特别是在信息大量冲击视觉神经的当代社会，在报纸、杂志、电视、网络和每天出现的新产品、新科技都刺激着人们主动或被动地接收视觉信息的大背景下，信息可视化设计与传统视觉传达设计相比更具优势的三大特征是思维可视化、无障碍化与多维感知体验化（图1-16）。

图1-16　信息可视化设计的三大特征

1. 思维可视化

思维可视化是通过一系列图示技术将原本看不见、抽象的思维呈现至表面并使其可见的过程。被可视化的"思维"更有利于理解和记忆，可以有效地提高信息处理和传输的效率。简单理解就是人们的思维在大脑里是以看不见摸不着的信息存在的，但是以文字或图像形式呈现出来，可以更直观、更方便去理解、整理与加工，而整个记录的过程就是将大脑信息可视化的过程，这就是思维可视化。

一图胜千字，图是最直观的语言，易读、易懂、易记而且记得牢。实现思维可视化的最有效方式便是用"图"把"思维"呈现出来。思维可视化包括思维导图、模型图、流程图、概念图、图片、图标、漫画、表格等绘图技术；此外，还包括思维图的呈现、传播、存储、互动、共享和修改等系列（图1-17）。其"可视化"不仅仅是美学层面的表现形式上的再设计，也是对"信息"本身的一种深度数据挖掘。信息可视化设计是左右脑的交融，是感性与理性的交融，是无形与有形的交融，是艺术与科技的交融。因此，通过艺术来表达理性思维，是信息可视化设计的特征之一。

2. 无障碍化

信息可视化设计的无障碍化理念自20世纪90年代开始就已引起相关人士的关注，并陆续由政府支持开展研究以及制定相关法规和标准。现代社会，信息大量冲击着人们的视觉神经，报纸、杂志、电视、网络及新产品、新科技层出不穷，这些都刺激着人们主动或被动地接受视觉信息，被动地接受信息会导致不同程度的视觉接收障碍和视觉麻痹，因此视觉设计师越来越注重视觉信息传达的有效性。

信息可视化设计把图形符号进行规范化和易读性的设计，图文的呈现有助于消除认知障碍；并且图形符号信息传达的秩序性和可兼容性，可以减少因文化差异、地域环境、社会发展因素、生理障碍等方面的识别阻碍，能极大地方便人类信息交互的畅通（图1-18）。所以，信息可视化设计的无障碍化特征，可有效增强信息传达的有效性和准确性。

3. 多维感知体验化

信息可视化设计的目标是让受众真实、高效地接收所传递的信息内容。随着新技术和数字媒介的发展，信息可视化设计的运用维度也在不断革新，与传统的二维表现形式相比，使用语音或AR/VR技术可以创造沉浸式体验，让用户更有场景化，提升受众的多维场景感知，最大限度地发挥受众体验的优势，实现信息传达的近零消耗。

以语音交互场景为例，界面通过用户语音唤起自动触发，通过语音触发用户的行动点，控制信息多层次渗透。同时，由于信息的多维度传输，图像和声音同时输出，就像一个真实的场景被呈现出来。保证用户对于信息获取的时效性的同时，用户的体验感知也随之增强。如今，信息可视化设计还将不断结合新技术的融合运用，创造出全新的多维感知体验（图1-19）。

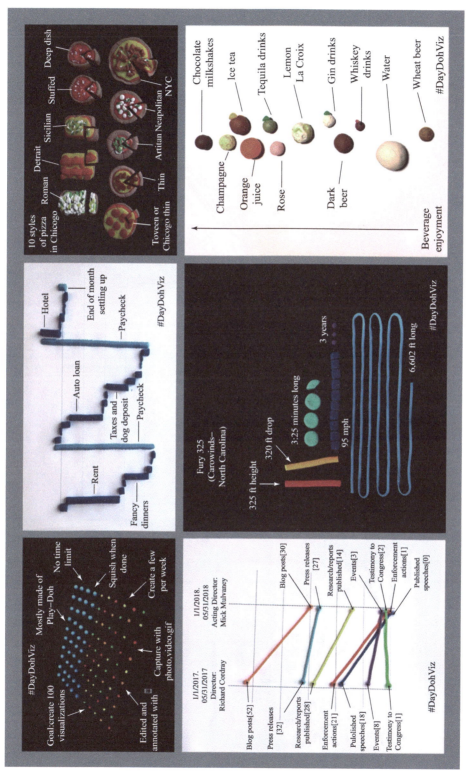

图 1-17 信息可视化设计作品《日常可视化》（作者：艾米・塞萨尔，2018 年）

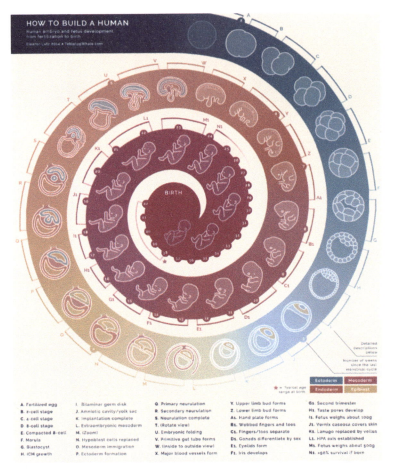

图 1-18　信息可视化设计作品《人是如何诞生的》（作者：埃莉诺・卢茨，2015 年）

图 1-19　信息可视化设计作品《星巴克数据墙体验》（作者：阿提维，2019 年）

（三）信息可视化设计的未来

随着大数据时代的到来，海量数据信息可视化已成为研究和实践的一种趋势。由于信息可视化致力于解决如何以清晰、高效、美观、有趣的方式呈现数据的问题，继而帮助人们更好地理解与感知数据中的内容，因此，未来信息可视化的重要性不言而喻。

IBM 沃森健康的副总裁阿尼尔·贾因提出了大数据的 5 大特征：数据量大、多样性、高速性、真实性、经济性（图 1-20）。

（1）数据量大：大数据的起始计量单位至少是 P（1000 个 T）、E（100 万个 T）或 Z（10 亿个 T）。

（2）多样性：多种类型的数据，包括网络日志、音频、视频、照片、地理位置信息等，对数据处理能力提出更高的要求。

（3）高速性：速度快，时效高，这是区分大数据和传统数据挖掘的最突出的特征。

（4）真实性：是指数据的真实性与可用性。

（5）经济性：随着物联网技术的广泛应用，信息感知无所不在，信息浩瀚，但价值密度低。如何通过强大的机器算法更快地"净化"数据的价值，是当前大数据时代面临的紧迫问题。

图 1-20　大数据的 5 大特征

这些特点对从传统的信息可视化模式向大数据的可视化模式转变提出了挑战。现有的技术架构和路线已不能有效处理如此大量的数据，对于有关组织而言，如果没有及时有效的反馈，所收集的信息就不值得投资。可以说，大数据时代对人类的数据驾驭能力提出了新的挑战，为人们提供了前所未有的深度和全面洞察能力的空间和潜能；同时，信息可视化作为一种信息展示、交互以及分析的技术，在涉及信息展示、交互或信息分析的领域里都将大展身手，对信息可视化的研究与应用也不断深入，呈现出可视化与交互技术的持续融合、个人可视化设计范式的兴起、可视化叙事作用的强化等趋势。

1. 可视化与交互技术的持续融合

随着数字化媒介的兴起与发展，以结构为中心的可视化研究范式向潜在现象的动态属性可视化研究转移，人与信息之间交互形式也越来越丰富，对于设计者来说，可以发挥出极大的创造力，实现更多信息可视化设计的可能。

在 2020 年 IEEE 国际虚拟·现实（IEEEVISA）大会上，有多篇论文提出了全新的交互解决方案。Lee 等把一些经典的可视化图表用 VR 技术呈现给人们。在原图表中，因为数据是以二维的形式呈现，所以受众很难直接感觉到其速度和高度的差异，在运用 VR 技术的沉浸式呈现下，受众可以直接站在埃菲尔铁塔等建筑下面，如图 1-21（d）所示，体验数据信息的真实尺度。随着全息影像、3D 打印等技术的不断进步。未来的信息更多的是以三维、四维的方式呈现，方便用户从各个角度观察信息、解读数据。

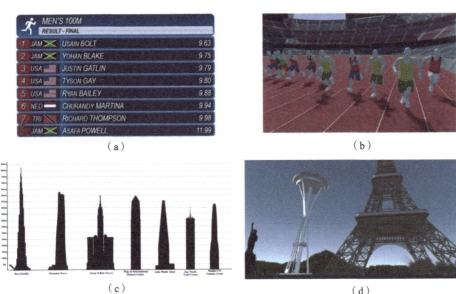

图 1-21　运用 VR 技术的信息可视化
（a）男子 100 米比赛成绩；（b）比赛现场虚拟现实显示；
（c）世界建筑高度对比图；（d）埃菲尔铁塔等建筑虚拟现实显示

2019 年 ChinaVis 上反映新冠疫情的信息可视化作品《流动的边界》是很具代表性的可视化与交互技术深度结合的案例（图 1-22）。作品将数据放置在三维空间上，并大量使用鼠标点击、滚动、拖拽等方式，让用户在与数据交互的过程中充分感受到视觉冲击与震撼。

图 1-22　信息可视化交互设计作品《流动的边界》（2019 年）

2. 个人可视化设计范式的兴起

设计已经从同质化的体验转变为追求个性化和创新性，信息可视化设计也是如此。研究如何帮助人们创造更加个性化、千面化的可视化设计成为了一种趋势。例如，Data Quilt 是一个个性化的可视化创作应用程序（图 1-23），它支持从图像中提取材料和生成象形图，每个用户都会生成不同的可爱风格的贴纸和贴画。

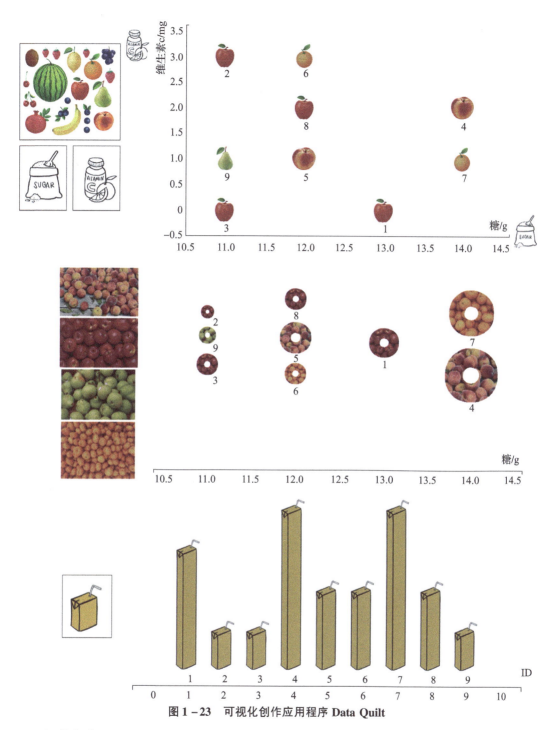

图 1 - 23　可视化创作应用程序 Data Quilt

可视化创作系统 Dear Pictograph（图 1 - 24）则支持在 VR 环境中自己绘制图形作为设计元素，用于信息可视化的呈现。这种可视化范式真正让信息"活"起来，以其独有个性的方式，通过文字、画面、语音、视频等全方位向受众呈现其想表达的信息含义，更能深入人心。

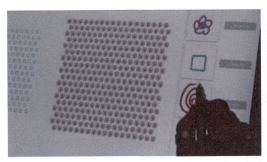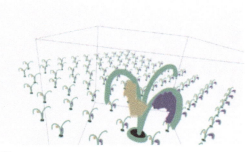

图 1 –24 可视化创作系统 Dear Pictograph

3. 可视化叙事作用的强化

可视化叙事为可视化指明了方向，虽然理论和技术都在不断发展与探索，但在新闻、教育和文化等领域有更多的表达方式和可视化叙事的需求，也表明了可视化叙事是可视化的未来发展趋势之一。

以第七届"全球数据新闻奖"获奖作品《生活在难民营》为例（图 1 – 25），作品是根据英国路透社制作的一篇聚焦《孟加拉国罗兴亚难民营》的数据新闻，运用模块化可视化叙事的设计方式将新闻模块化，用户可以选择感兴趣的模块进行详细了解，也可以迅速滑过此模块调到下一个模块进行了解，并按照可视化叙事发展的逻辑，分成整体叙事模块和展开叙事模块两部分。作品以数据信息作为驱动，承载了人文关怀，希望能给世界带来更美好的改变。

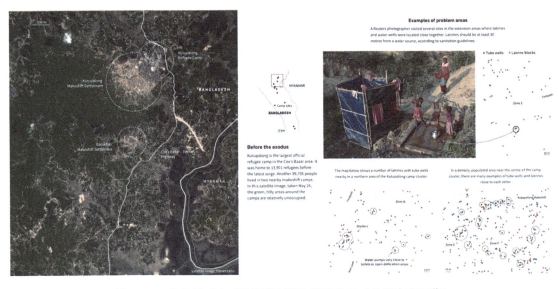

图 1 –25 第七届"全球数据新闻奖"获奖作品《生活在难民营》

（四）信息可视化设计的相关科学

1. 格式塔原理

格式塔学派是产生于 20 世纪德国的重要心理学流派之一，代表人物有魏特海默、柯勒、考夫卡。格式塔原理对现代美学具有基础性的影响。格式塔原理解释了人类视觉是如何工作的，并发现人类视觉是整体的，视觉会自动将它所看到的东西形成一个完整的形状，而不是仅仅看到不相连的形状，同时提出人类的视觉判断还受到经验的制约。因此，格式塔学派在视知觉研究方面作出了巨大的贡献。

魏特海默提出了格式塔知觉组织原则：靠近性原则、相似性原则、连续性原则、闭合性原则、主体与背景原则、简单对称性原则、共同命运原则。通过学习格式塔原则，可以为信息可视化设计提供理论支撑。

（1）靠近性原则：在感知领域中，对客体的感知是根据物体各部分之间的紧密程度来进行的。这两个因素越接近，就越有可能结合在一起。它显示了更强的关系。但是近距离也是有区别的，在一个复杂的设计中，必须在考虑它们之间内在逻辑关系的同时进行排版。例如以四行四列等间距排列状的小圆点为例（图1-26），当每列间距不动的情况下，每行的小圆点在原有基础上移动并靠近，这时人们的视觉会以"行"对这些原点进行分组；同样，行间距相同，只将列间距进行缩小，人们的视觉会以"列"对这些原点进行分组。

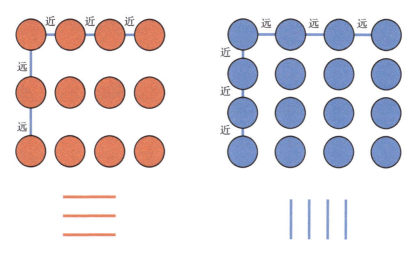

图1-26　靠近性原则图例

（2）相似性原则：当人们感觉到类似的东西时，只要不被接近因素的东西打扰，人们就会把它们放在一起。换而言之，相似的部分在知觉上形成群体（图1-27）。例如，当人们在公共场所小团体聊天时，人们能听到有人在喧闹声中说话，因为那个人的讲话音质总是相似的。如果他的说话音质不断变化，就很难把他的话和场所噪声区分开来。总之，人们倾向于把具有明显共同特性的事物（如形状、大小、共同的运动、方向、色彩等）作为一个整体来考虑。具有类似视觉特征的元素被认为比没有类似视觉特征的元素更有联系性。

（3）连续性原则：在连续性原则下，人们的视觉感知倾向于感知连续的形状，而不是分散的碎片；即使形状是不相连的，人们的视知觉也会感觉它是相连的（图1-28）。它是人们生活中经常发生的事情，就像通常的拼图一样，即使它被打破了，人们仍然可以用常识和经验拼凑起来。

（4）闭合性原则：当我们看到一个熟悉的视觉形象时，人们会把不完整的局部形象作为一个整体，这种感知的结束被称为闭合。如果局部图像过于陌生或片面，则不会出现整体

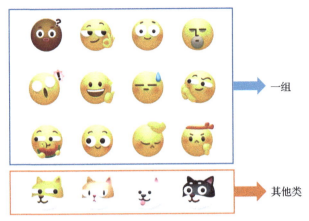

图 1 - 27　相似性原则图例

闭合联想。即使没有外形的限制，人们也能自动填补图形在大脑中形成整体形象。例如"卡尼萨三角"图形，初看可能会看到一个有黑边三角形，上面堆放着一个白色的倒三角形。事实上，图片中没有三角形，只有散乱的线条和三个有凹槽的圆形（图 1 - 29），但人们的大脑认为图形有一个倒三角形。

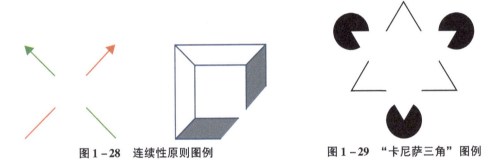

图 1 - 28　连续性原则图例　　　　　　　图 1 - 29　"卡尼萨三角"图例

　　（5）主体与背景原则：主体是指在界面中占据人们主要注意力的全部元素，此时其他的元素则为背景。当主体与背景重叠时，人的眼睛倾向于将小客体作为主体，将大客体作为背景，通过大小与图形的关系来表达人们想要表达的内容的不同层次。即当小图形与大图形重叠时，人们的视觉倾向于将小图形划分为主体，将大色块划分为背景（图 1 - 30）。

图 1 - 30　主体与背景原则图例

　　（6）简单对称性原则：在观察事物时，人们的第一印象往往是简单和对称的模式。对称的、规则的、光滑的、简单的图形特征往往形成一个整体。对称的元素通常被认为是属于一起的，不管它们相距多远，它们都会给人们一种坚实有序的感觉（图 1 - 31）。

图 1 – 31　简单对称性原则图例

（7）共同命运原则：除去共同命运原则外，其余原则主要涉及静止的形体和物体，但共同命运原则则涉及运动中的物体。共同命运原则与靠近性原则、相似性原则密切相关，这些原则都影响着人们是否能从群体中感知事物。共同命运原则认为：一起移动的物体被认为属于同一个群体或彼此相关（图 1 – 32）。这一原理广泛应用于许多动态信息可视化设计中。

图 1 – 32　共同命运原则图例

2. 符号与传播学

视觉信息的生成和发展是在符号的编码和解码过程中进行的。人类通过图像、声音或空间来体验事物的意义。由于地理位置、时代、国家、语言、思维方式以及文化传统构成图像的方式不同，人们不需要把自己置于他人的语境中，因为人们有自己的解码方式。

人类是群体社会动物，所以交流行为是必不可少的，沟通是指人与人之间信息的交流。人们利用符号来实现意义的传递，这也是一个视觉符号化和视觉符号解释的完整过程，是人们在不同的空间和时间实现信息共享、行为协调的过程。在人际交往过程中，信息传播和交流的过程包括 7 个要素（图 1 – 33）。

信息传播和交流过程的 7 个要素	
	信息源：传播信息和知识的个人或集合体
	编码：将传播的内容转化为有意义的符号和符号系统
	信息：用来传达的符号系统
	通道：用于传递信息的媒体
	信宿：接收信息的个人或集体
	解码：还原已被接收的符号系统的原意
	反馈：受众以自己的态度和行为（回应）将信息反馈给发信体

图 1 – 33　信息传播和交流的 7 个要素

这 7 个要素相互连接，构成了传递信息传输的回路。其中视觉符号的产生和信息传递的完成过程主要由信息源、编码、信道和解码组成，即以信道为媒介的传播者编码过程和接收者解码过程。

（1）信息源即信息传播主体，从信源的传播技术看，传播必定要与科技相融合，数字化的采集与存储技术、人工智能、虚拟现实技术等都可为其提供技术支持；从信源的态度看，信息传播者能否主动、自觉、充分了解自己的传播内容、传播目的和传播对象，是信息传播能否取得效果的关键；从信源的知识和文化看，信息传播者与信息接收者的文化程度也对传播影响巨大；从社会系统看，国家政治、经济、文化制度是影响传播的外部环境，良好的社会氛围有助于提高传播者的传播意识，强化传播效果。

（2）编码是信息作为传播的客体进行内容、符号和处理的过程。在传播过程中，信息传播者需要将其"编码"，将内容、结构与成分予以艺术化呈现。信息传播者可根据不同的载体，如语言、图像、视频、音乐等，呈现出不同的表达方式，以更加具象化的形态激发接收者的共情效应，促使其理解信息的内在价值。当然，信息传播者对内容、符号的处理方式也会影响信息传播的传播效果。

（3）信息作为传播的客体主要包括内容、符号和处理。在可视化元素的传播过程中，信息传播者需要将其"编码"，将内容、结构与成分予以艺术化呈现。信息传播者可根据不同的文化载体，如语言、图像、视频、音乐等，呈现出可视化内容不同的表达方式，以更加具象化的形态激发接收者的共情效应，促使其理解信息的内在价值。当然，信息传播者对内容、符号的处理方式也会影响到信息传播的接受度和传播效果。

（4）通道作为信息传播的通道，主要指信息传播的技术通道与表现形式。早期传播因时间、地点、空间、人力、物力等多方面的因素，制约其传播的广度和深度。新时代的数字化艺术传播则可打破这些制约，通过数字媒介，打通受众的视觉、听觉、嗅觉、触觉和味觉等通道，从而使信息得到全方位的有效传播。

（5）信宿是影响信息传播效果的关键一环。信宿的传播技术、态度及其信息内容方面的相关知识、文化与社会背景等，对其接收信息并做出相应反馈具有重要影响。而且，信宿除被动获取信息外，还可对信息进行反馈和再传播。在传播过程中，信息可能会受损，也可能会被再次"编码"，原来的信宿就会变为新的信源，原来的信源则会变为新的信宿，实现信息交互。所以，信息可视化传播应注重大众对于信息的感受程度，加强与大众的互动联系，激发其主动吸收和传播信息。

（6）解码也称为译码，是指信息在思想传递过程中被重构的方式。解码是意义传达的另一个重要组成部分，是符号解读的过程。符号化的人类行为是从编码到解码、从发送到收讯的一个完整过程。发送者对思想和感情进行编码，信息的编码过程是有象征意义的。解码是对符号或符号表达方式的解释。解码与编码的关系反映了对主客体的认识和被理解。

（7）反馈指信息传送者和接收者之间的相互作用，是沟通成立的必要条件。是信息接收者在获得信息后或根据信息采取行动后会根据自己的理解、感受和经验提出自己的看法和建议。

第二章
信息可视化设计的发展

一、远古时代——信息可视化的原始时期

早在远古时代，人们就逐渐记录和勾勒出周围的衣食住行和自然环境，创造了洞穴壁画和后来制作的地形图。这种壁画不同于单纯的文艺创作，是为了更好地传达某种意图或描述某种事物，它是人类以一种原始方式记录特定时代信息的方式。这种记录方法为研究当时的自然环境、经济发展、宗教信仰、文化艺术等提供了可靠的数据信息。中美洲的印第安人用各种图形来记录他们祖先的种种事迹，这些图形能够帮助他们记忆那些历史久远的故事，并通过同样的办法一代一代地传递下去。

（一）洞窟壁画

公元前30000年的美索不达米亚洞窟壁画可以称为是第一个信息图，描绘了附近动物和其他资源的情况（图2-1）。信息图表作为数据信息的可视化，在没有文本生成的情况下，绘画成为一种非常广泛的交流和记录信息的方式。岩层上的壁画反映了人们对信息内容的视觉效果和表现个人行为的方式，也反映了人们最初用来传达信息内容的智慧。

图2-1　美索不达米亚洞窟壁画

（二）伊拉克巴比伦泥板

1930年，考古工作者在伊拉克巴比伦遗址以北200英里（321.87千米）的一个考古挖掘场中发现了一个早期泥板地图（图2-2）。该地图绘制有楔形文字和符号，据认为可以追溯到公元前2500—公元前2300年，它代表了一个以丘陵或山脉为界，被河流一分为二的地区。该泥板上所显示的丘陵或山脉被类似鱼鳞状的重叠半圆所代表。这种绘图方式正是地图

制作者和插图画家几个世纪以来用于象征和表示山脉的方法之一。

（三）结绳记事

结绳记事是古代人们摆脱时空限制，记录客观事实和传播信息内容的一种古老方式（图2-3）。结绳记事出现在语言产生之后、文字产生之前的漫长年代里。据科学研究，在古代秘鲁，结绳记事可能意味着与当时生活息息相关的事物，如计数、地位、总数、崇拜、祭祀等。结绳记事方式存储的信息内容比较抽象，是一个将信息转换成符号进行传输过程的雏形。

图2-2　最早的泥板地图

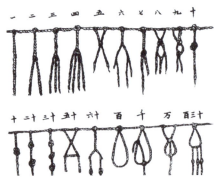

图2-3　结绳记事

二、文字时代——信息可视化的萌芽时期

文字的出现与岩画一样，源于对自然事物的模仿和提取。可以说，文字的出现是人类历史上的一次信息革命。

（一）苏美尔楔形文字

公元前3500年左右苏美尔地区的苏美尔文字体系进入了充分发展的阶段，图2-4是当时人们用锋利的工具在陶土或泥板上刻出的类似象形符号的文字。苏美尔楔形文字是逐步产生的，据统计，楔形符号共有500种左右。由借助图形表达某种观念到文字的出现经过了1000年的演化过程。

图2-4　苏美尔楔形文字

（二）古埃及纸莎草纸文字

公元前3000年左右，古埃及人用象形文字（即信息图）来表述生活、工作和宗教的故事。通过古埃及的纸莎草书，人们可以发现当时古代埃及人将图像和文字结合在一起，传达了宗教信仰、法律、灵魂以及来世等信息（图2-5）。图形符号在当时已经成为一种较为可信而且普遍的视觉载体，用于进行信息的传递和交流。图形符号所具有的符号性、形象性以及情感性等特征都使其成为横跨古今的时代语言。

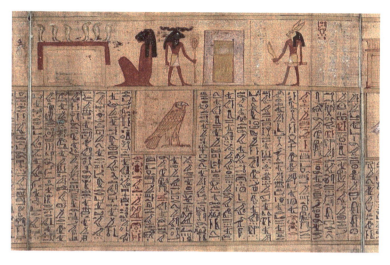

图2-5 古埃及纸莎草纸文字

（三）甲骨文

甲骨文是我国的一种古老文字，是人们能见到的最早的成熟汉字（图2-6）。甲骨文是指我国殷商晚期王室在龟甲或兽骨上为占卜和记事而刻写的文字，是我国及东亚地区已知最早的文字体系，也是商代文字的信息内容媒介。甲骨文具有明显的视觉符号特征，描述内容涉及原始政治、经济发展、国防、文化习俗、天文历法等信息。

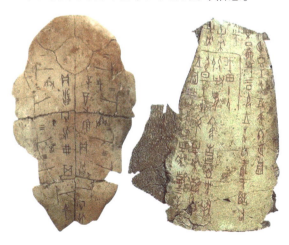

图2-6 甲骨文

三、地图时代——信息可视化的雏形时期

地图是最早的信息可视化形式之一，也是真正意义上的信息可视化雏形。

地图是基于数学思维在平面图上进行的梳理和符号缩绘，形成地球上或星空中产生自然现象和社会问题的图形。地图的媒介是多种多样的，所有地图和构成介质的因素都包括图形因素、数学因素、辅助因素及其补充说明。其中，图形因素是地图的主体，把自然、社会经济等需要表示的现象通过地图符号表示，从而形成图形要素。确保地图可测量和可比的基础是数学因素，数学因素包括地图投影、地图坐标系统、比例尺和控制点。辅助因素包括地形图名称、图例、地图编号、创建者、制作时间、地形图主要参数等。补充说明是指利用数据图表、剖面图、照片、文字等方式补充地图的内容。这些按照统一的设计和编制的多幅地图的集合称为"地图集"。

自石器时代以来，人们开始制作地图。其中最早的地图出现在公元前 6200 年的土耳其地区，而中国的地图最早出现在 2400 年前的战国时期。在古代，地图其实是最具有价值的工具，因为它可以帮助所有人了解这个复杂信息交织在一起的地球，甚至是星际宇宙。

（一）马王堆汉墓地图

根据考古发现，我国最早的地图是湖南长沙汉马王堆三号墓中出土的地图（图 2 - 7）。这是绘制在绢帛上的三幅地图，后来被简称为《地形图》《驻军图》《城邑图》，绘制年代大约在西汉时期公元前 168 年。《地形图》《驻军图》修复后基本恢复，《城邑图》因破损严重，至今未恢复。《地形图》全称《西汉初期长沙国深平防区地形图》，是第一幅用彩绢绘制的地形图。《地形图》具体描绘了汉代长沙南部，即湘江第一主要支流小水河段、南岭、九嶷山及周边地区，该地图还描绘了山峰、河流、土地和道路。

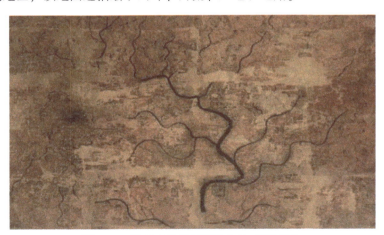

图 2 - 7　汉马王堆三号墓出土的《地形图》

（二）中国古代雕版地图

我国目前发现的最早的雕版印刷实物地图，是南宋或唐代出版的《九州山川实证总图》（图 2 - 8）。九州代表冀、兖、青、徐、杨、豫、荆、雍、梁 9 大区域，加上山川、河流、

湖泊和海洋信息，构成一张较为完整的地图。

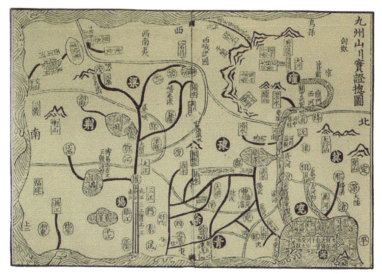

图 2 – 8　中国最早雕版地图《九州山川实证总图》（局部）

考古学家还发现宋朝的《古今华夷区域总要图》（图 2 – 9），据考证是公元 1185 年前后制作的地图。该地图较全面地绘制了宋代全国 27 路及州郡分布情况，其中还包括海岸线和岛屿等信息。

图 2 – 9　宋朝《古今华夷区域总要图》（局部）

（三）中国最早的世界地图

《大明混一图》是中国制作的最早的世界地图（图 2 – 10）。作者不详。依据图上两个关键地名 "广元县" 和 "龙洲"，推定此图绘于明洪武二十二年（1389 年）。这张彩绘绢本明朝世界地图以当时明朝的版图为中心，东起日本，西达欧洲，南括爪哇，北至蒙古，是我国目前已知尺寸最大、年代最久远、保存最完好的古代世界地图。地图的出现源于探索广阔世界的欲求。地图代表着另一种语言表达和文字，象征着一个时期的文明。明朝初期能够制作出这样的地图，说明当时的文化水平非同一般，沿海地区地貌的精确水平也显示了明代在远洋航行方面的探索和实力。

 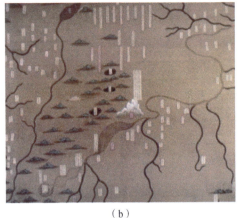

(a) (b)

图 2-10　明朝《大明混一图》

(a) 全国图；(b) 局部图

（四）古希腊时期世界地图

古希腊在地图设计层面作出了很大的贡献。埃拉托斯特尼首先推算了地球的大小和子午圈的长度，并制作了一张默认设置地球为球体的地图。喜帕恰斯首创了投影法，提出将地球上的圆周以360°划分。克劳狄乌斯·托勒密在公元2世纪编纂的《地理学指南》对地图的绘制方法进行了详细的描述，创造了许多新的投影方法。根据托勒密投影法，世界地图绘制成扇形，后人将这张世界地图称为"托勒密扇子"（图2-11）。《地理学指南》还附有27张地形图，也被认为是世界第一部地图集。

图 2-11　意大利出版的《托勒密地图集》中的"托勒密扇子"（1477年）

在托勒密时代，地图学已经成为结合了天文学、科学、数学运算以及几何学的综合科学，托勒密的研究促使地图学成为独立的学科。然而比之更重要的是，托勒密将严谨的精确制图学从插图地图、鸟瞰图或者概论地图中分离出来，通过罗盘方向、精确测量、实地勘查或真实数据描绘来呈现更实用的地图（图 2 – 12）。

图 2 – 12　严谨精确的实用地图

（五）达·芬奇城镇地图

达·芬奇绘制了一张著名的城镇地图——伊莫拉城镇地图（图 2 – 13）。这幅地图不仅绘画细致入微，而且还有漂亮的色彩和当代地图所具有的精确性，达到了当时所能达到的技术顶峰，是地理信息可视化的里程碑。伊莫拉城镇地图显示了一座被圆环包围的城市，4 条等距离的对角线从圆心穿过，将城市分割为 8 个不同方位。达·芬奇绘制地图时采用了测距仪和罗盘，并且严格根据坐标系统的投影来定位地理信息，因此该地图达到了前所未有的精度。他的测绘方式也是目前已知最早的现代测绘法。

图 2 – 13　伊莫拉城镇地图（1502 年）

（六）中世纪宇宙地图

中世纪通过绘画和想象力，将教会的规范推广给绝大多数的无知民众。这类形式的地图创作几乎都集中以基督教相关的事物为背景，如表现基督教世界观的地图以及描绘圣地的地图等。

丢勒绘制描述了一幅基督教徒眼中和谐的宇宙模型（图 2 – 14）。该模型代表位于中心的地球被水、气、火、太阳、月亮，水星、金星、火星、木星和土星 10 个圆形的天球所包围，最外层是上帝和一众天使所居住的"九重天"，画面四角的吹风小孩代表了古希腊神话的东南西北 4 位风神。这些插画充分体现了早期绘画与数学的联系，是 500 多年前人们认识宇宙世界的可视化设计作品或者天体信息图表。

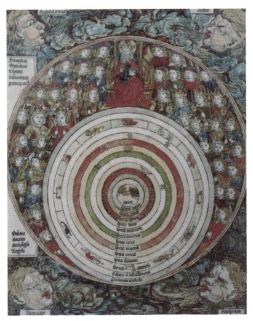

图 2-14　基督教徒眼中和谐的宇宙模型（1506 年）

（七）专题地图

随着人们探索新线路的逐步开通，各个领域都需要精准的地图。18 世纪，许多国家逐渐制作出详细的军事地形图。19 世纪初末，出于经济发展权益的需要，世界各国逐渐编制了国际统一规格的详细地图，近代自然科学的发展，催生了飞机的发明、航空测绘地图的兴起，继而出现了描述气候、土壤、水和气象的专题地图。

四、数据图形学时代——信息可视化的形成时期

（一）信息图形设计

图像比文本、文字具有更快的速度传输，人们试图尽可能地将图像转换为符号语言。今天，用于记录数据信息内容的信息图形被广泛使用，各种制图软件中的曲线图和柱状图像模板一样使用简单。事实上，这种类型的图形几个世纪前就已经被设计出来。

1. 克里斯托弗·沙纳尔太阳运行轨迹图

1626 年，克里斯托弗·沙纳尔出版了《奥尔西尼的玫瑰，或太阳》一书，用各种图形图表表达了他关于观察太阳的科学研究成果。他制作了一系列图形图表来描述太阳运动，根据这些图形，大致描述了太阳的运行轨迹（图 2-15）。这种符号图形更接近现在的标志或标识，符号图形是当时信息可视化的一个基本发展趋势。

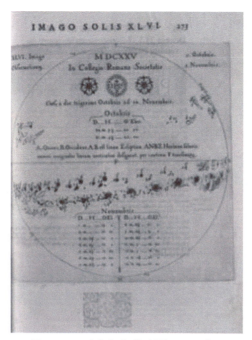

图 2 – 15　太阳运行轨迹图（1626 年）

2. 约翰·兰伯特的人口情况分布图

1772 年，瑞典数学家约翰·兰伯特设计了人口分析表，该表被设计成埃及金字塔形的色谱形状，展示了颜色混合的学科关系（图 2 – 16）。对复杂的数据信息进行排序生成图形，纵向是色度等级，横向是色相，颜色是基于两色重叠的基本原理，三角形边框线的深度表示颜色的纯度。由于经济发展趋势，图表反映了大量的社会发展事件，此时的数据图表不仅是数据信息的真实反映，而且具有传播力，与此同时，图表也逐渐展现出不同的特征。

图 2 – 16　约翰·兰伯特设计的人口情况分布图（1772 年）

3. 普莱费尔统计图

1786 年，普莱费尔出版的《商业与政治图集》（*The Commercial and Political Atlas*）一书中第一次出现了数据型图表，其中普莱费尔使用了大量的条形图和线形图来描述 18 世纪英国的经济发展。他被视为统计图形或信息图表的创始人，他将两组数据（曲线）并列对比让人们快速掌握其中的含义（图 2–17），并认为"随着人们专业知识的提高和交流的频繁，人们越来越期待更简单、更便捷的信息传递方式。

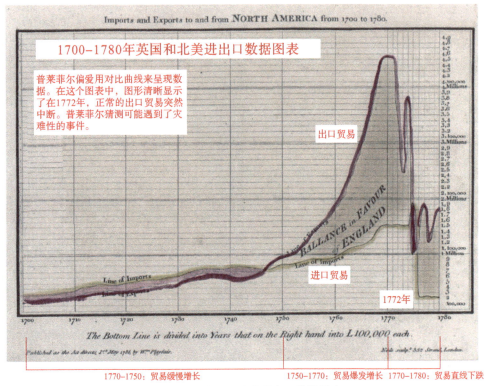

图 2–17 英国和北美进出口数据图表

1801 年，普莱费尔在《统计短周期》杂志上首次发表了面积图，并进行了详细介绍。他使用视觉效果图来描述和展示数据信息，关键是使用线形图、饼状图和条形图将文本数据信息可视化（图 2–18），比简单的信息排序更具感染力，也让非对应专业的人们能够理解该专业知识。他还提出，不同的研究方向使得图表的使用方式也不相同，例如曲线图易于展示变量，饼状图易于展示比例等，这两种图形都是今天常用的信息展示方式。1824 年，普莱费尔绘制了一张说明战争对面包和股票价格影响的多维曲线图（图 2–19），其中对不同数据采用了 7 种颜色，使得数据对比更清晰。普莱费尔认为，用几何图形表达数据，比单纯的数据排列更有说服力。

在 18 至 19 世纪期间，信息图形经常被用来分析军事、气候、地质、疾病、经济和贸易。尤其在 19 世纪，统计分析图形和专题图形急剧增加，特别是在欧洲地区，统计图形已经呈现出现代数据信息图形的方式。饼图、柱状图、极限图、曲线图、散点图、时间序列图等都是这一时期统计分析的代表图形，被广泛应用于社会发展中。掌握数据分析的快速发展，能够更好地理解信息设计科学研究的关键意义。

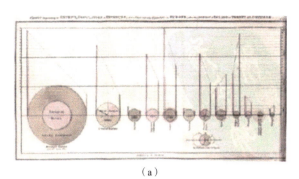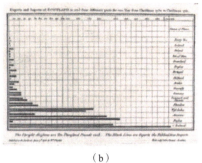

（a）　　　　　　　　　　　　　　　　　　（b）

图 2 – 18　英国经济状况统计图（1801 年）

（a）世界上第一张饼状图；（b）条状图

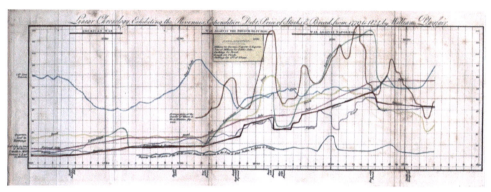

图 2 – 19　战争对面包和股票价格影响的多维曲线图（1824 年）

4. 南丁格尔统计图

1857 年，英国护士南丁格尔对信息图形的发展作出了巨大贡献，她发明的极坐标区域图（又称南丁格尔玫瑰图），用来反映军队野战医院的季节性死亡率，用来说服维多利亚女王提高军队医院的标准。该图显示了每个月在克里米亚战争伤亡的人数和原因。图中用深蓝色表示可预防的疾病，用鲜红色表示伤口，用灰黑色表示产生疾病的原因（图 2 – 20）。如今，南丁格尔极坐标区域图已成为数据图表的关键类型之一。

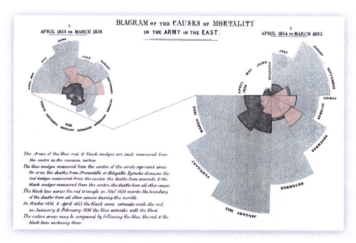

图 2 – 20　南丁格尔极坐标区域图（1857 年）

5. 拿破仑东征信息图

1861 年，讲述拿破仑东征（征俄）的信息图标志着开放式信息制图的出现，该图由法国巴黎的工程师约瑟夫·米纳德所设计。约瑟夫·米纳德是 19 世纪法国的经济学家、地理学家和技术工程师。他还是图形绘图和统计图形的先驱。他开发和设计了许多新颖的图形方法，运用数据信息描述了大量深层次的社会问题。拿破仑东征路线图开创了以统计学为基础的现代图表的历史，也成为信息可视化设计领域最重要的里程碑信息图。

约瑟夫·米纳德设计的优秀图表很多，其中最著名的就是这张拿破仑进攻俄罗斯军事分析图（图 2-21）。该图提取了东征过程中的 4 个导致完全失败的关键变量，用信息图表中的模式来传达信息内容：军队人员变动、行军路线、温度变化、时间。从图表中人们不难看出，在寒冷的天气、各种疾病和不断伤害下，法国士兵的实力不断下降。图表中还系统地展示了纷繁复杂的信息内容，根据信息内容之间的联系，可找出战争失败问题的内在原因。信息学家爱德华·塔夫特认为该图是迄今为止最好的统计分析图，也是一张具有里程碑式现实意义的信息图。从现代信息可视化设计的角度，这张图仍然具有很高的学术研究和设计解决方案层面的价值。

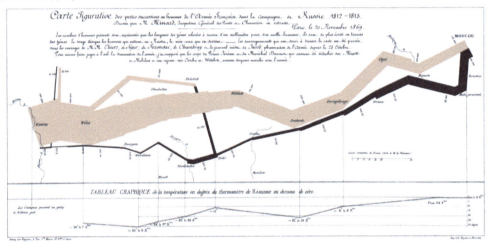

图 2-21　拿破仑进攻俄罗斯军事分析图（1861 年）

（二）科学插图与系统树状图

科学插图作为百科图书的注解和事物解释出现，绘制者以严谨的科学态度对研究对象如制造工具、植物、生物、环境构造、地理位置等进行详细的绘画描述，在没有照相机的古代，既是对象的真实写生，也是为早期科普传播作出了巨大贡献，更是针对广大没有受过文字教育的人进行信息图像知识的传播。

18—19 世纪的德国著名地理学家、博物学家和信息图形专家亚历山大·冯·洪堡以及德国动物学家和哲学家恩斯特·海克尔，不仅是田野调查、科学插图与系统地图的杰出的代表，而且也是最伟大的艺术家。其中，亚历山大·冯·洪堡开创了现代地理学，深刻地影响了全世界的自然探险活动。恩斯特·海克尔对信息图表最大的贡献就是利用"系统树"来表现时间或分类的层级结构。

系统树是数据信息的树状图形表示，是通过分析父子结构的枚举法的一种表现形式。有的信息内容数据量大，扩展节点多，所以设计师设计了数据树的图形表示形式，从客观的数据信息中生成一个具有视觉效果的树形信息图。为了更好地用一张图来表示亲缘关系，把分类单元放在图上树的最上面，可以按照分支来展示它们的内部联系。数量分类学中用于表型分类的树状图称为表型树状图，具有系统条件推理的树状图称为系统树状图。根据组分析绘制表型树状图，并根据模拟的假设特征进化方向通过计算机绘制系统树状图。

1. 中国古代科学插图

（1）《本草纲目》由明代李时珍在嘉靖三十一年（1552年）至万历六年（1578年）间撰写（图2-22）。此书采用"目随纲举"编写体例，故称"纲目"。其中"以部为纲"，"以类为目"，计分16部（水、火、土、金石、草、谷、菜、果、木、服器、虫、鳞、介、禽、兽、人）60类。各部按"从微至巨""从贱至贵"，便于检索。

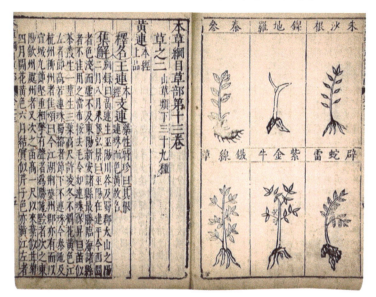

图2-22 《本草纲目》内页

（2）《天工开物》由明代著名科学家宋应星初刊于明崇祯十年（1637年），共3卷18篇，全书收录了农业、手工业，诸如机械、砖瓦、陶瓷、硫黄、烛、纸、兵器、火药、纺织、染色、制盐、采煤、榨油等生产技术。

《天工开物》是世界上第一部关于农业和手工业生产的综合性著作（图2-23），是中国古代一部综合性的科学技术著作，外国学者称其为"中国17世纪的工艺百科全书"。

2. 洪堡地理可视化

1799—1804年，德国科学家亚历山大·冯·洪堡在拉丁美洲多地旅行，首次对当地的地理环境、植被和气候进行了研究和可视化描述。亚历亚大·冯·洪堡在植物地理学方面的定量研究奠定了生物地理学领域的基础。此外，他对地球物理学的系统测量与记录，为现代地磁和气象监测奠定了基础。亚历亚大·冯·洪堡是自然地理可视化设计和数据插图的奠基人之一。其中，绘制于1854年的《亚欧美非山脉河流对比图》（图2-24）清晰直观，细节准确、美观生动，信息量大、可读性强，是信息可视化设计的范例。

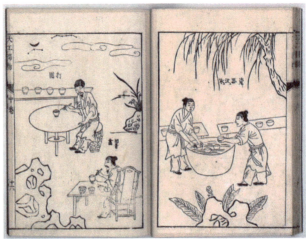

图 2 – 23 《天工开物》内页

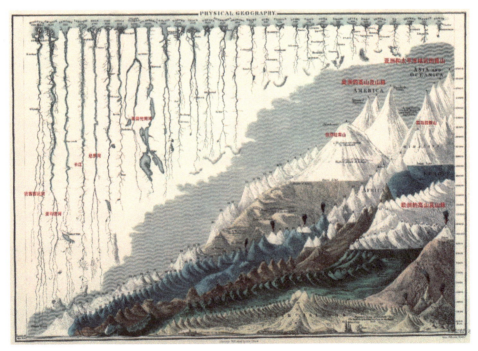

图 2 – 24 《亚欧美非山脉河流对比图》（1854 年）

　　18 世纪末，亚历亚大·冯·洪堡成功游说西班牙国王，启动了南美洲探险旅行。5 年时间，他获得了一大批标本以及当地动植物、地球物理、天文、地质、海洋和民族文化的大量实际资料，并进行了大量科学插图的绘制（图 2 – 25）。

　　亚历山大·冯·洪堡在 1805 年绘制的位于厄瓜多尔的钦博拉索火山的植被生长分布图（图 2 – 26）以纵向剖面图的方式记录了山脉不同等高线的植物类型分布、地质构造和气压、温度等信息。这个信息图表不仅生动直观，而且用更科学的方式展示了钦博拉索火山的成分和内部构造，特别是清晰注明了火山上不同海拔高度的植被和气候信息，成为地理可视化信息设计的里程碑之作。

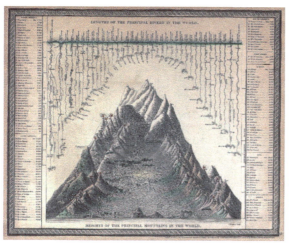 

（a）　　　　　　　　　　　　　　　　　（b）

图 2 – 25　南美洲的可视化科学插图

（a）山脉植被插图；（b）植物插图

图 2 – 26　钦博拉索火山的植被生长分布图（1805 年）

3. 恩斯特·海克尔科学可视化

恩斯特·海克尔是德国著名动物学家和哲学家。他将达尔文的进化论引入德国并在此基础上继续完善了他提出的人类的进化论思想。恩斯特·海克尔在巨著《自然的艺术形式》一书中用手绘的方式绘制了数百幅生动、细腻的海洋动植物、海藻、花卉和放射虫骨骼的插图（图 2 – 27）。虽然每张图都并非完全写实，但他的插图生动地体现了大自然赋予生物的绝妙的对称结构。

1879 年，恩斯特·海克尔在《人类进化论》中制作了人类谱系图，基于这个系统树状图，他展示了生命系统的进化过程：单细胞动物→无脊椎动物→脊椎动物→哺乳动物→人的结构分析。

恩斯特·海克尔对信息图表的更大贡献是使用系统树，系统树主要表示时间或分类结构分析。从视觉效果的角度分析，系统树进化信息图表继承了欧洲中世纪的谱系分类方法（图 2 – 28），同时精心规划进化阶段，将生物物种的进化分离，确定系统树分叉的连接点。

图 2 −27 《自然的艺术形式》一书中的插图
（a）浮游生物插图；（b）海洋生物插图

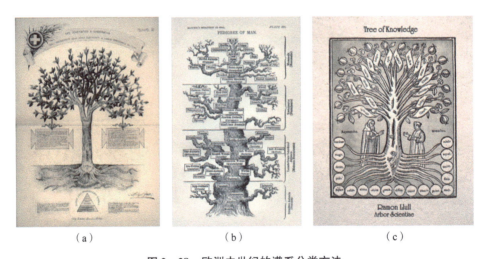

图 2 −28 欧洲中世纪的谱系分类方法
（a）树形图；（b）人类谱系树形图；（c）知识之树图

恩斯特·海克尔将设计方法更改为绘制图形，并扩展到信息设计领域，可以给读者带来视觉上的感官刺激，提高信息传递的实际效果（图 2 −29）。

4. 科学信息图表

1878 年，英国数学家西尔维斯特首次提出"图形"的定义，并制作了一系列数据图表来表达化学键及其数学特性（图 2 −30），这是最早一批数学类的信息图表。

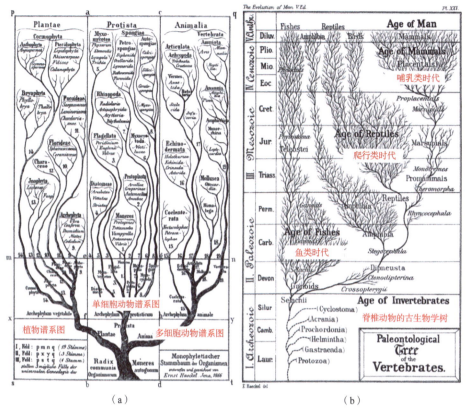

（a）　　　　　　　　　　　　　　　（b）

图 2 – 29　恩斯特・海克尔绘制的生物进化树图

（a）动植物谱系图；（b）脊椎动物的古生物学树

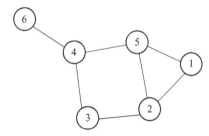

图 2 – 30　代表化学键及其数学特性的早期信息图表

（三）新的视觉语言

进入 20 世纪，设计语言呈现出前所未有的繁荣，也是世界科技、军事、工业、文化和艺术爆发式增长的时代。现代战争迫使各国政府急需关于世界各国的地理信息和其他情报数据。各国政府纷纷将研究的重点集中在精确地图的绘制、统计数据可视化等领域。不仅地图和统计图表的绘制技术突飞猛进，而且也偏向于民用和大众传播领域，这为信息视觉表现形式的发展提供了杰出的人才和有利的环境，信息可视化俨然已发展为一种新的视觉语言。

1. 通用视觉语言符号系统

1925 年，奥地利社会学家奥托・纽拉特与玛丽・纽拉特夫妇宣布成立国际印刷图形教育系统（又称伊索体系，也称通用视觉语言符号系统，Isotype）。伊索体系的目的是更好地利用人类语言的图形设计来达到教育的目的。该系统对公共设计的影响是十分广泛的，并成为公共交通、国际活动、公共场所等平面图形设计的基础。该系统利用简化归纳的图像向公众传达社会发展和经济等信息，已广泛应用于书籍、海报以及社会学、教学的科学研究。这是一套通用视觉符号系统，由大约4000个视觉符号组成，代表了人口统计、政治、经济和各行业的关键数据（图2-31）。通用视觉符号系统影响后续信息可视化设计学科领域的发展，以及图标和标识系统的设计应用与发展趋势，如著名的包豪斯学院的图形设计教育以及瑞士国际风格都传承于此。

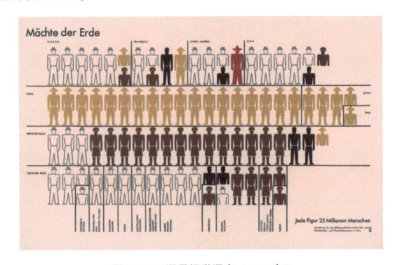

图 2-31　通用视觉语言（1925 年）

奥托·纽拉特参与设计了许多图表并完善了伊索图形语言。例如他绘制的一张有趣的图表是《动物们能够活多久？》（图2-32）。该图表1939年登载于康普顿《图画百科全书》。作者用幽默直观的方式说明了各种野生动物的预期寿命，虽然图形简约，但内容生动、信息丰富、吸引力强并且更易于理解。奥托·纽拉特以亲身实践，说明了信息图表与视觉传达语言的精髓：跨越语言的界限，以最简洁、最直观的方式来传达信息。

奥托·纽拉特致力于建立一个经验主义的理想社会，并以此试图找到解决社会阶层矛盾和资源分配矛盾等问题的答案。为此，他放弃了以往传统的设计方式，转而利用图形、图标和文字的配合进行可视化设计，其设计主题包含人口、健康、科教、文化和军事等各个方面（图2-33）。

之后，德国艺术家、插图家盖尔德·安茨的设计在伊索体系中也具有重要的意义，盖尔德·安茨毕生致力于图形研究，并明确提出了"简单化"的定义，奠定了标识设计的基础；同时，盖尔德·安茨还运用简化、抽象和归纳，使图标不仅具有象征意义，而且与真实事物不同。他的许多设计至今仍在使用，尤其是在公共标识领域。

受伊索图形影响，20世纪40—50年代，流行于联邦德国和瑞士的图形设计风格简约、美观、实用，文字清晰、颜色鲜明，视觉传达功能准确，因此很快流行全世界（图2-34），也被称为"国际主义平面设计"。简约型设计成为当下电脑和手机界面的流行趋势。

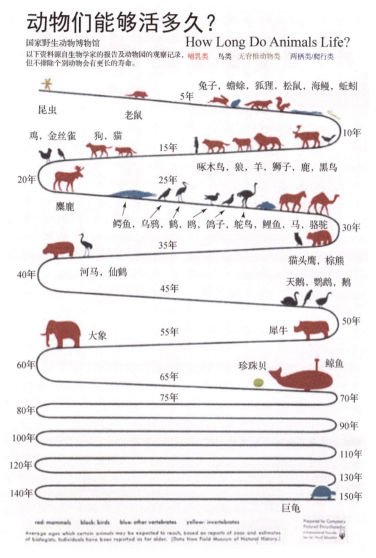

图 2 - 32 图表《动物们能够活多久?》

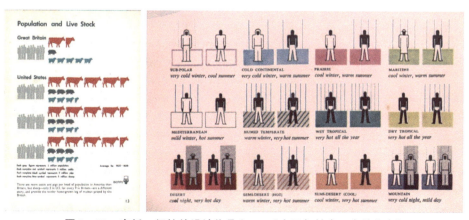

图 2 - 33 奥托·纽拉特设计作品之一:《人口与牲畜、人种分布》

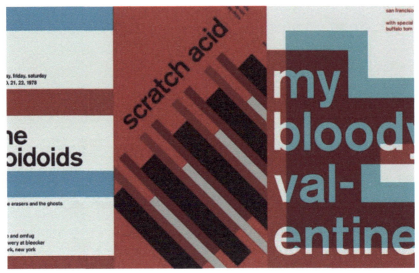

图 2 - 34　20 世纪 40—50 年代流行的"国际主义平面设计"风格海报

2. 伦敦地铁交通地图

1931 年，哈里·贝克摆脱了传统插图的设计标准，像设计电路板一样画出了地图。哈里·贝克第一次尝试简化地理信息，并以适合搜索查询的方式分配地铁站点的各个位置。1933 年，哈里·贝克将伦敦地铁复杂的信息内容按照简洁的信息语言传递给乘客，既能保持界面统一的视觉冲击力，又不会占用太多地图空间，引领了一种更容易反映地铁站具体情况的抽象视觉设计风格（图 2 - 35）。

图 2 - 35　伦敦地铁交通地图（哈里·贝克绘制，1933 年）

因此，地铁地图具有 3 个突出特点：以颜色区分线路；大部分路线主要以水平、垂直、45°角 3 种方式表示；线路上的地铁站距离与具体距离不成比例关系。这之后，世界各地城市的地铁站系统大多采用这种设计方式绘制地铁线路地图。这种图形结构高效、准确、方便的地铁地图一直沿用到了今天。图 2 – 36 为北京地铁线路图。

图 2 – 36　北京地铁线路图

随着手机和交互媒体的流行，用户可以直接搜索路线和车站等信息。当线路比较复杂时，传统的纸媒地铁交通图则会显得十分拥挤，而更简约、清晰并带有图形化地理信息的数字化轨道交通图也成为新的选项。如日本东京地铁交通地图（图 2 – 37），显示的实际地铁线路信息和地理信息更为清晰和美观。

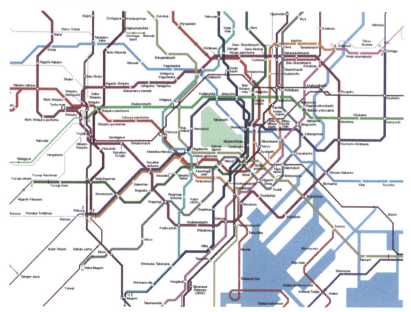

图 2 – 37　东京地铁交通地图

3. 图标与信息图表

图标是一种表意的可视化文字符号，它通过视觉形式将其含义传达给对象。作为一种跨文化的通用性视觉传达系统，图形符号广泛应用于学校、医院、博物馆、公园等场所（图2－38），特别和旅游服务、地理信息服务和社会公共服务等活动有着密切的联系。

图2－38　动物园信息图

1972年，著名设计师、联邦德国乌尔姆设计学院的创始人之一奥特·艾希尔教授及其团队承担了当年在德国慕尼黑和基尔举办的奥运会的运动项目图形符号和海报的设计工作（图2－39）。该设计方案通过严谨的设计网格布局，成为德国国际风格化图标的范本。

图2－39　奥特·艾希尔设计的慕尼黑奥运会标识

在信息图表设计中，设计师如果采用简约、清晰和意义明确的图标，往往会收到读者更好的反馈。过于详细的图标往往会分散读者的注意力，使数据模糊不清；同样，简洁的构图和版式设计、鲜明的色彩和简练的文字也会使图表生动而富有情趣（图2－40、图2－41）。

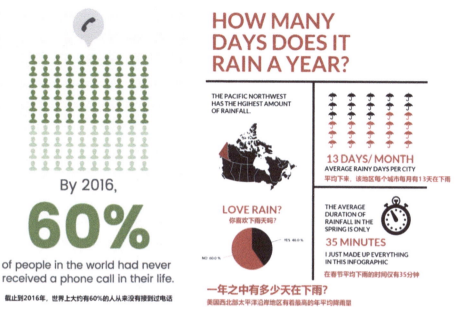

图 2 - 40　鲜明的色彩和简练的文字是影响图表设计吸引力的重要元素之一

（a）　　　　　　　　　　　　　（b）

图 2 - 41　瑞典设计师赫兹为 20 世纪著名摇滚艺术家设计的系列符号海报

（a）英国摇滚乐队披头士、美国摇滚歌手鲍勃·迪伦等的海报；

（b）美国摇滚歌手布鲁斯·斯普林斯的海报

4. 数据图形的发展

1971 年，华盛顿大学信息学院教授佛雷德曼主导设计出不规则多形态的数据图形（简称不规则多变形图，又名星图）。这种似类似手工折纸的图案是基于一定比例，根据数据和信息进行分布的图形（图 2 - 42）。优秀的图形语言表达可以极大地帮助人们理解信息内容，未来的数据类图表将会不断产生新的形式。

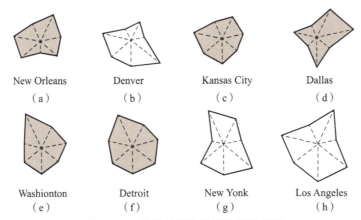

图 2 -42　佛雷德曼设计的数据图形图
(a) 新奥尔良；(b) 丹佛；(c) 堪萨斯城；(d) 达拉斯；
(e) 华盛顿；(f) 底特律；(g) 纽约；(h) 洛杉矶

1972 年，美国发射了先驱者 10 号行星探测器，探测器带有一块镀金铝板，上面刻有人类信息的信息图表。该信息图表是由美国天文学家卡尔·萨根和天文学家弗兰克德瑞克设计创建的，图中包括太阳光相对于 14 颗脉冲星的相对位置、地球上男女的轮廓图、太阳系中行星的布局等（图 2 -43）。因为充分考虑了是与未知的文明传递信息，所有的信息都不能再按照人类的语言表达和叙述，所以都采用视觉语言的信息可视化方法来表现与传递。

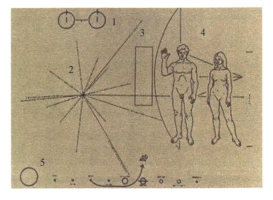

图 2 -43　镀金铝板上人类信息的数据图

1983 年，数据图的基本理论被明确提出，开启了信息可视化的迅速发展。在信息可视化进程中，科学可视化的形成和发展起到了决定性的推动作用。

1989 年，斯图尔特·卡德、约克·麦金利和乔治·罗伯逊撰写的《用于交互性用户界面的认知协处理器》一文中首次明确提出了信息可视化的英文术语 "Information Visualization"。该文认为信息可视化可以使用具有视觉效果的 2D 或 3D 动画对象来表示信息内容和信息结构。此后，信息可视化逐渐发展为一门重要的学科。

2003 年，美国著名用户界面设计师本·施耐德曼提出，信息可视化领域已在研究领域中出现了略有不同的研究角度；同时，他还提到，信息可视化领域涉及图形学、视觉设计、计算机科学、人机交互、心理学和商业等方面的方法和专业知识。信息可视化已成为与科学可视化并列的研究领域。

五、大数据时代——信息可视化的发展时期

最早提出大数据时代到来的是世界级全球管理咨询公司麦肯锡，麦肯锡表示："数据信息已经渗透到各个领域和业务职能领域，成为主要的生产要素。"在《大数据时代》一书

中，作者维克托·迈尔·舍恩博格指出："互联网大数据意味着我们人类在寻找量化分析和认识世界方面迈出了一大步。过去无法测量、存储、分析和共享的内容都被数据化了，为人类打开了了解世界的新大门。"

2012 年以来，"大数据"一词的讨论越来越多。人们用它来描述和定义大数据时代发生的海量信息，并命名与之相关的技术发展趋势与革新。在大数据时代，随着数据和信息连接点不断增长，信息可视化通过描绘、测量、计算等各个节点间的关系，并以交互的方式呈现，人们在感受复杂关系中，寻找关联物和数据之间的连接关系来处理当下需求，大数据的特点明确了关于如何可视化的新要求。

美国哈佛大学社会心理学教授加里·金说："庞大的数据促使各行各业开始了量化分析的进程。无论是学术界、商界还是政府部门，可以说所有行业都会开始进行这种进程。"信息可视化领域也不例外，尤其是在大数据时代下，可视化与视觉叙事、可视化与交互以及可视化与社会服务等层面具有重要意义与价值。

（一）可视化与视觉叙事

大数据时代可视化视觉表现的叙事与传统文本叙事有很大不同，它是结合各种符号的传播特性，更能向人们展示信息内容本质的逻辑和关系层次，更具时效性和魅力，但需要特别注意的是，可视化艺术设计之美与客观信息内容呈现之间的平衡。可视化视觉叙事的内容主要体现在客观信息内容和客观事实基础上，考虑融入叙事中的视觉元素、图形艺术设计等。可视化视觉叙事在可视化艺术方面的视觉效果对于统计展示的实践活动具有一定的意义与价值。

2014 年，数据设计师安德鲁斯使用信息可视化的设计作品来描述世界著名创作者如何分配他们的一天（图 2 - 44）。这个作品分析了数百名创作者为了更好地利用他们的时间而采取的严格的日常日程安排。其中把圆形分成 24 等份，一个格子代表 1 小时；同时，采用不同类型、不同色调来区分活动，其中白色代表睡眠时间，橙色代表人际交往和用餐时间，蓝色代表健身时间，深绿色和浅绿色分别代表重点和普通工作的时间。

1988 年，尼康公司建立了一个令人印象深刻的网页（图 2 - 45），该网页显示了宇宙中已知物体的大小，从微小生物到猛犸象这样的大型生物都放在同一个比例尺上，这样物体之间可直接去对比相对之间的大小。其实人们很难用语言来描述"小"和"大"的相对概念，但是应用信息可视化设计语言来去描述就能很清晰地感知其含义。

（二）可视化与交互

1987 年，麦考密克等撰写的学术论文《科学计算中的可视化》首次明确提出了科学领域运用计算机的计算能力和交互性来呈现图形、图像和科学数据。

2001 年，斯彭斯教授的著作《信息可视化：交互设计》全面探讨了交互设计在数据可视化中的功效及相关设计方法。如今，交互设计已经成为数据可视化设计师非常关键的设计工具。如何使用交互界面，按照简单实用的交互步骤，将数据信息中隐含的重要信息内容和专业知识清晰地传达给客户，早已成为数据可视化设计师的主要日常工作。

Zoho 实验室以 2010 年各大歌曲榜中最成功的唱片相关信息为基础进行信息可视化设计，用户可以选择关注自己感兴趣的歌曲排行榜的类型及其具体信息，包括歌手、歌曲名

图 2-44　信息可视化设计作品《创意历程》(2014 年)

图 2-45　尼康公司网页

称、发行业绩等（图2-46）。所有的信息可视化都伴随着鼠标的移动和用户的点击，促使页面信息图形的变化，其承载了大量的数据量与丰富动感的可视化形态。无论是在视觉效果上还是在信息传递作用上，都是一个优秀的信息可视化设计案例。

图2-46　Zoho 实验室设计网页

另一个优秀的案例是 MOMA 建筑的交互式广告（图2-47）。交互式广告中，主界面显示的是多座大楼外形剪影，用户可以通过呈现的点状数据，了解建筑的设计风格，也可以通过点击图片、文字等互动方式，自主获取相关建筑的信息内容。

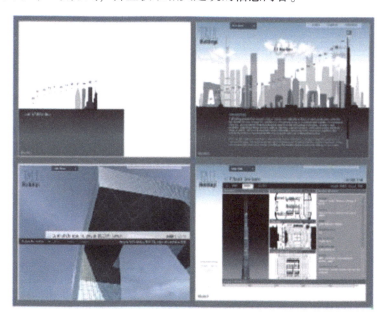

图2-47　MOMA 建筑的交互式广告

当可视化与交互设计融合时，将大大提升可视化的用户体验和便利性；更重要的是，引入交互设计与技术后，将更好地解决交互中的决策分析和模式理解等问题，并为用户提供更好的解决方案。

（三）可视化与社会服务

将大量复杂的数据信息进行可视化设计可以给人们很大的帮助。根据可视化分析设计方法，人们可以利用视觉认知能力的优势，从抽象的数据信息中快速提取有效知识，进而辅助管理决策，这也是新时代可视化设计与技术发展趋势的一个新维度。

在2012年欧盟开展的 Euporias2 项目中，为了更好地科学研究风力与能源的关系，项目团队创建了一个可视化分析项目 Ukko3，项目中的分析得到 1981—2014 年世界范围的风力变化数据信息。系统对 2015—2016 年的变化进行预测分析，并发现了风力变化最明显的区域和时间段（图 2 -48）。从项目的主分析界面，人们可以看到风力电站建设与风力变化强度对比。这个项目的目的是更好地服务于用户，让用户能够清楚地感知未来的风力变化，以及有可能安装风力发电设备的潜在地点。此外，这个项目还可以基于交互点击的方式查询某个区域的完整数据信息。

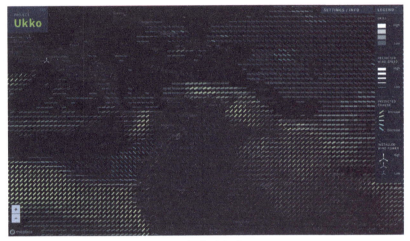

图 2 -48　可视化分析项目 Ukko3

　　"居住在新加坡"项目是由麻省理工感知实验室对新加坡进行的一项研究。根据对不同数据源的分析，最终通过 6 个可视化设计（城市规划、交通、通信、社会、环境与安全、世界枢纽）来反映新加坡城市不同层面的关系，让人们更直接地把握城市的动态和魅力（图 2 -49）。例如，雨天出租车相关单元，通过将降雨的数据信息和出租车的载客数据信息相结合，体现在降雨情况下出租车的出行表现，可以为如何完善出租车管理体系以及完成不同情况下出租车的供需平衡等提供信息支撑。

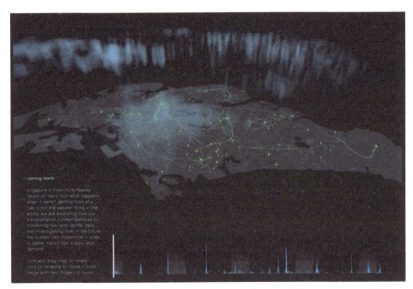

图 2 -49　"居住在新加坡"项目

第三章

信息图表类型与现代信息设计工具

　　信息通过视觉化的逻辑语言进行剖析，以视觉信息图表进行表达，作为视觉工具包括以下几种类型：图表、图解、图形、表格、地图、列表等。不管何种类型，都是运用列表、对照、图解、标注、连接等表述手段，使视觉语言最大化地融入信息之中，使信息的传达直观化、图像化、艺术化。

　　本书基于阿帕奇（Apache）图表示例对常见的图表样式进行分类说明。

一、图表类型

（一）柱状图

　　柱状图又称长条图、柱状统计图、条图、条状图、棒形图，是一种以长方形的长度为变量的统计图表（图3-1）。长条图用来比较两个或两个以上的数量变化信息（不同时间或者不同条件），柱状图也可横向排列，或用多维方式表达（图3-2）。绘制柱状图时，长条柱或柱组中线须对齐项目刻度。

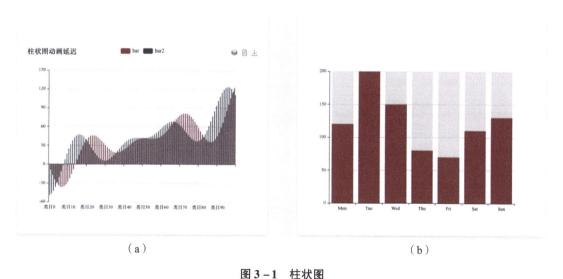

（a）　　　　　　　　　　　　　　　（b）

图3-1　柱状图

（a）动画延迟柱状图；（b）带背景的柱状图

图 3 – 1　柱状图（续）

（c）柱状图框选；（d）特性示例：渐变色阴影点击；（e）条形标签旋转；

（f）大型条形图；（g）正负条形图；（h）交错正负轴标签

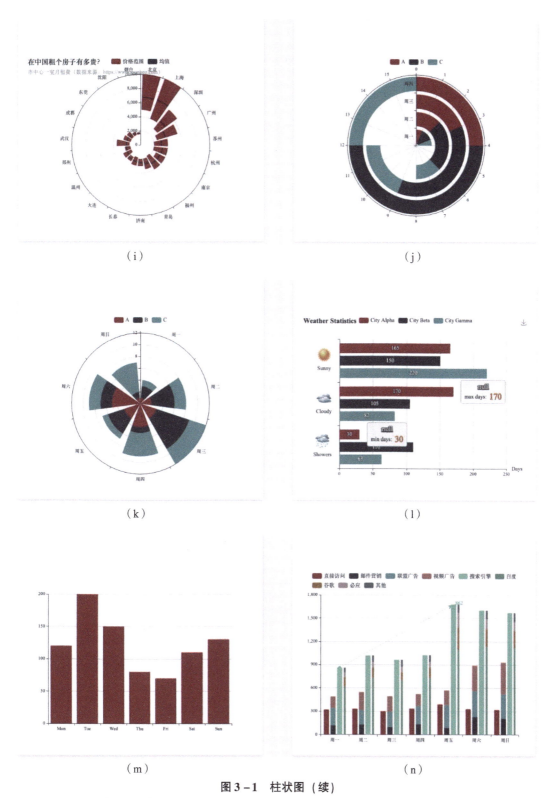

图 3 – 1　柱状图（续）

（i）极坐标系下的堆叠柱状图；（j）极坐标系下的堆叠柱状图；（k）极坐标系下的堆叠柱状图；
（l）天气统计柱状图；（m）简易柱状图；（n）堆叠柱状图

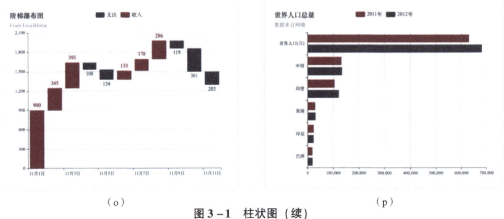

（o）　　　　　　　　　　　　　　　　　　（p）

图 3 – 1　柱状图（续）

（o）阶梯瀑布图；（p）人口统计柱状图

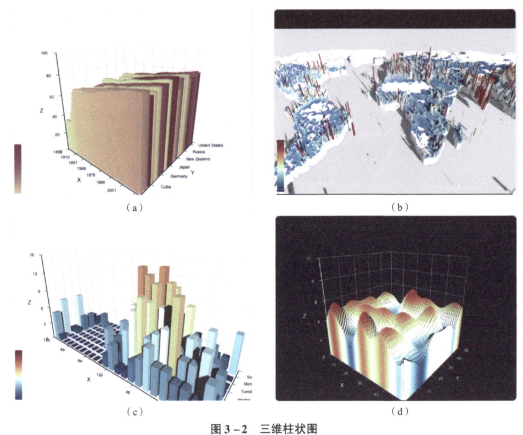

（a）　　　　　　　　　　　　　　　　　　（b）

（c）　　　　　　　　　　　　　　　　　　（d）

图 3 – 2　三维柱状图

（a）带有数据的三维柱状图；（b）三维柱状图——全球人口；

（c）打卡式三维柱状图；（d）三维柱状图——单纯噪声形

（二）折线图

　　折线图是将工作表中列或行中的数据绘制到折线图形中（图 3 – 3）。折线图支持多数据对比。折线图可以显示随时间（根据常用比例设置）而变化的连续数据，因此非常适用于显示在相等时间间隔下数据的趋势。在折线图中，类别数据沿水平轴均匀分布，所有值数据沿垂直轴均匀分布。如果分类标签是文本并且代表均匀分布的数值（如月、季度或财政年度），则应该使用折线图。当有多个系列时，尤其适合使用折线图。如果有几个均匀分布的数值标签（尤其是年），也应该使用折线图。如果拥有的数值标签多于 10 个，则建议使用散点图。折线图也可进行丰富三维形态的演变（图 3 – 4）。

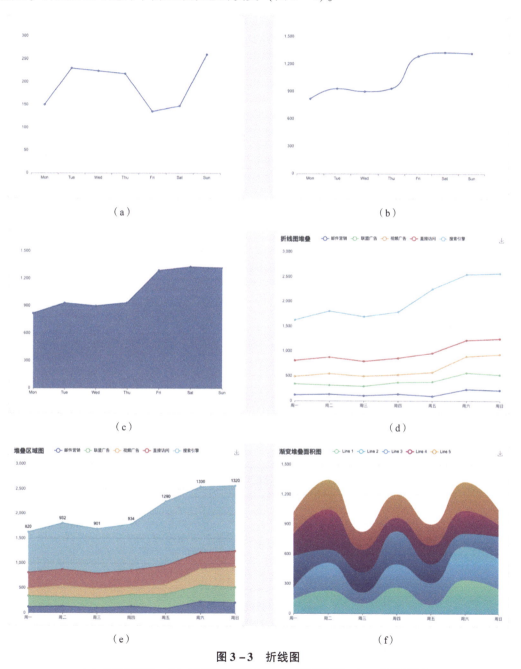

图 3 – 3　折线图

（a）基础折线图；（b）基础平滑折线图；（c）基础面积图；（d）折线图堆叠；
（e）堆叠面积图；（f）渐变堆叠面积图

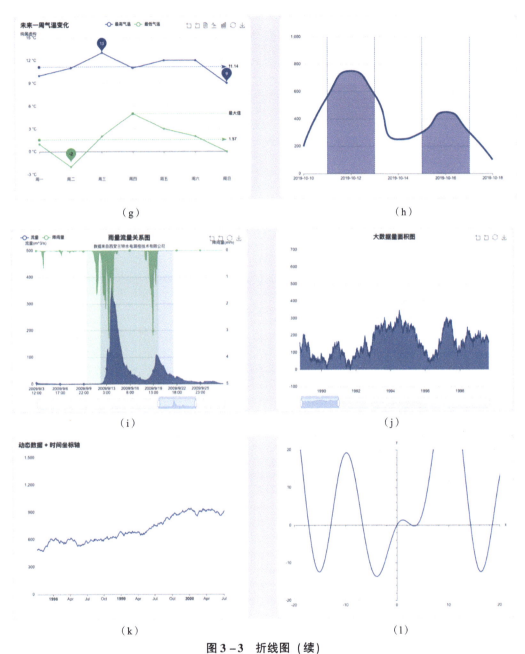

图 3 - 3　折线图（续）

（g）未来一周气温变化；（h）折线图区域高亮；（i）雨量流量关系图；

（j）时间轴折线图；（k）动态数据 + 时间坐标轴；（l）函数绘图

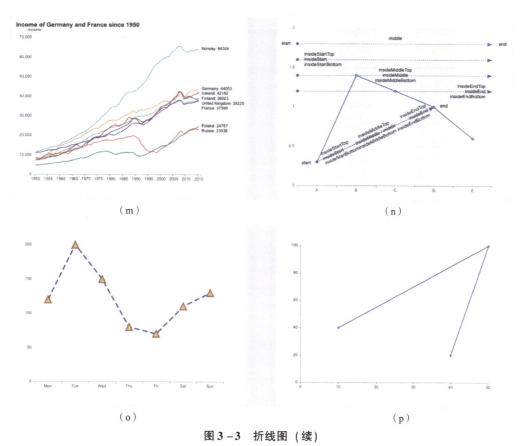

（m）　　　　　　　　　　　　　　　　（n）

（o）　　　　　　　　　　　　　　　　（p）

图 3 – 3　折线图（续）

（m）动态排序折线图；（n）折线图的标记线；（o）自定义折线图样式；（p）双数值轴折线图

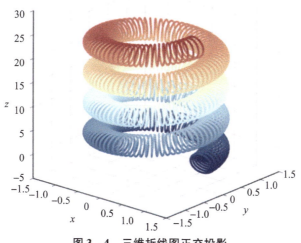

图 3 – 4　三维折线图正交投影

（三）饼状图

饼状图常用于统计学模型，有2D与3D饼状图。2D饼状图为圆形，饼状图显示一个数据系列（数据系列：在图表中绘制的相关数据点，这些数据源自数据表的行或列。图表中的每个数据系列具有唯一的颜色或图案）。图形形式用饼状图或圆环图的扇面、圆点图形表示。相同颜色的数据标记组成一个数据系列，显示为整个饼状图的百分比（图3-5）。

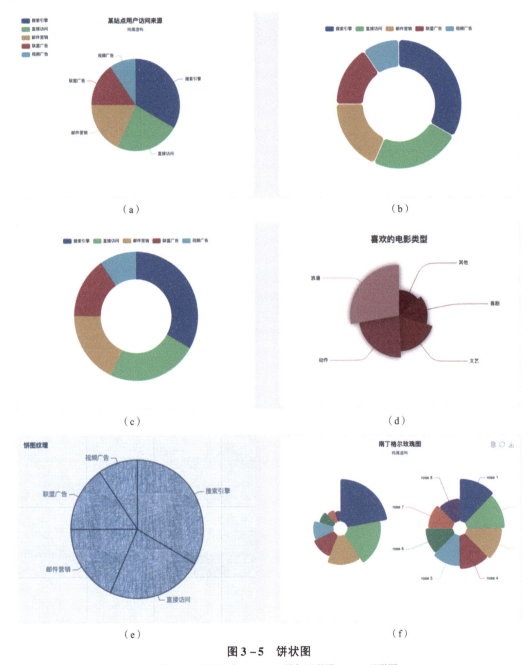

图3-5　饼状图

（a）某站点用户访问来源；（b）圆角环形图；（c）环形图；
（d）饼图自定义样式；（e）饼图纹理；（f）南丁格尔玫瑰图

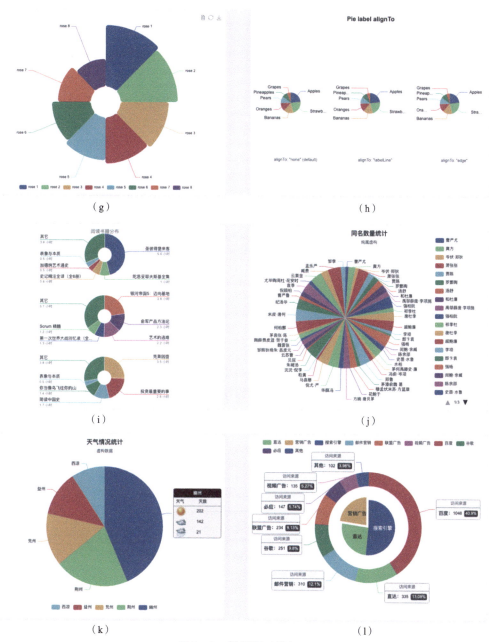

图 3 - 5　饼状图（续）

（g）基础南丁格尔玫瑰图；（h）饼图标签对齐；（i）饼图引导线调整；

（j）可滚动的图例；（k）富文本标签；（l）嵌套环形图

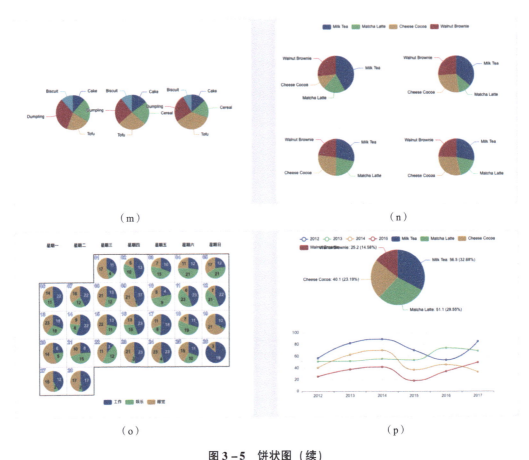

图 3 – 5　饼状图（续）

（m）分割数据到数个饼图；（n）默认 encode 设置；（o）日历饼图；（p）联动和共享数据集

（四）散点图

散点图是指在信息分析中，数据点在直角坐标系平面上的分布图。散点图表示因变量随自变量而变化的大致趋势，据此可以选择合适的函数对数据点进行拟合。用两组数据构成多个坐标点，考察坐标点的分布，判断两变量之间是否存在某种关联或总结坐标点的分布模式。散点图将序列显示为一组点。数值由点在图表中的位置表示。类别由图表中的不同标记表示。散点图通常用于比较跨类别的聚合数据。图 3 – 6 为散点图，图 3 – 7 为三维散点图。

（五）地图

地图是按照一定的法则，使用制图方法，通过制图有选择地以二维或多维形式与手段在平面或球面上表示地球（或其他天体）上各种事物的空间分布、联系及时间的发展变化状态的图形或图像，它具有严格的数学基础、符号系统、文字注记，并能用地图概括原则，科学地反映出自然和社会经济现象的分布特征及其相互关系。古代地图一般画在羊皮纸或石板上，传统地图的载体多为纸张，随着科技的发展出现了电子地图等多种载体。

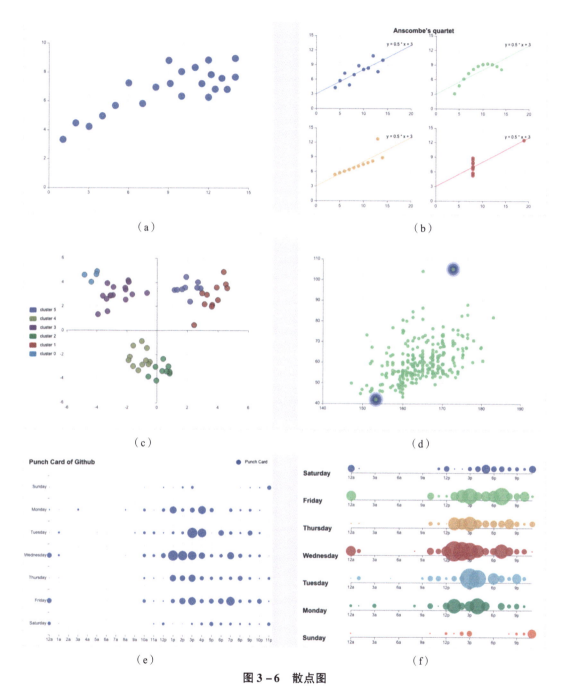

图 3 - 6　散点图

（a）基础散点图；（b）鲶鱼图；（c）数据聚合；（d）涟漪特效散点图；
（e）GitHub 打卡气泡图；（f）单轴散点图

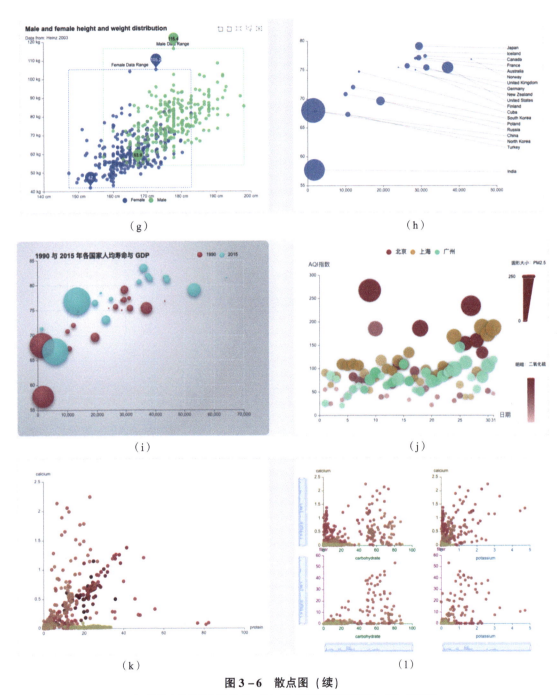

图 3－6　散点图（续）

（g）男性女性身高体重分布；（h）散点图标签顶部对齐；（i）气泡图；

（j）AQI 气泡图；（k）营养分布散点图；（l）营养分布散点矩阵

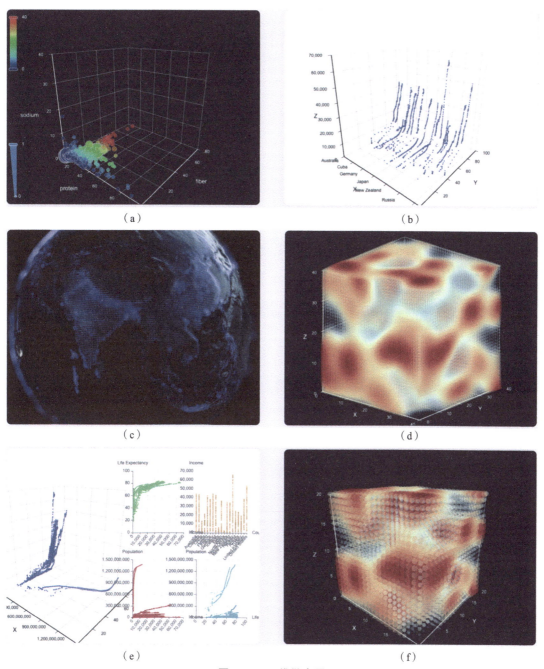

图 3 - 7　三维散点图

（a）3D 散点图；（b）设置数据的三维散点图；（c）3D 散点图——全球人口；

（d）三维散点图正交投影；（e）三维散点图和散点矩阵结合使用；（f）3D 散点图——单纯噪声形

（六）雷达图

雷达图也称网络图、蜘蛛图、星图、蜘蛛网图、不规则多边形图、极坐标图，是以同一点开始的轴上表示3个或更多个变量的二维图表的形式显示多变量数据的图形方法。轴的相对位置和角度通常是无信息的。它相当于平行坐标图，轴径向排列。雷达图主要应用于企业经营状况，如收益性、生产性、流动性、安全性和成长性的评价。上述指标的分布组合在一起非常像雷达的形状，因此得名（图3-8）。

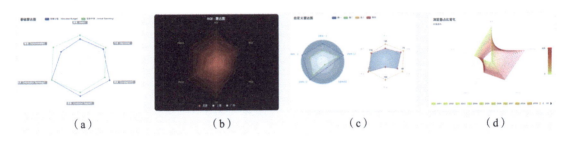

（a）　　　　　　　（b）　　　　　　　（c）　　　　　　　（d）

图3-8　雷达图

（a）基础雷达图；（b）AQL-雷达图；（c）自定义雷达图；（d）浏览器占比变化

（七）漏斗图

漏斗图一般是以单个研究的效应量为横坐标、样本含量为纵坐标的散点图。在平面坐标系中的集合为一个倒置的漏斗形，因此称为漏斗图。样本量小，研究精度低，分布在漏斗图的底部，向周围分散；样本量大，研究精度高，分布在漏斗图的顶部，向中间集中。实际使用时，做数据分析的研究个数较少时不宜做漏斗图，一般推荐数据分析的研究个数在10个及以上才做漏斗图（图3-9）。

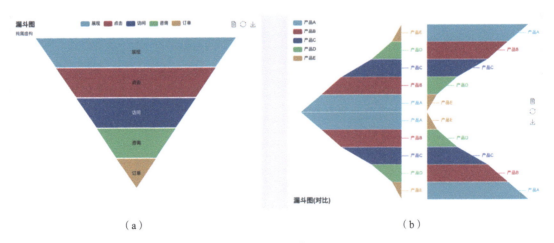

（a）　　　　　　　　　　　　　　　　　（b）

图3-9　漏斗图

（a）一般漏斗图；（b）对比漏斗图之一

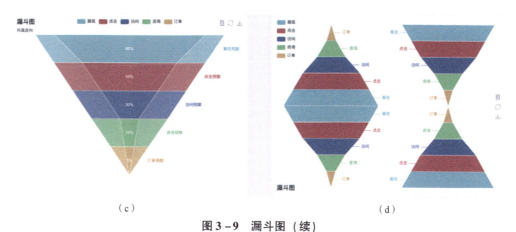

图 3 - 9　漏斗图（续）

（c）对比漏斗图之二；（d）对比漏斗图之三

（八）热力图

热力图是以特殊高亮的形式展示访客热度的页面区域和访客所在地理区域的图表图示。热力图直观地将网页流量数据分布通过不同颜色区块呈现，给中小网站网页优化与调整提供了有力的参考依据，方便合作网站提高用户体验（图 3 - 10）。

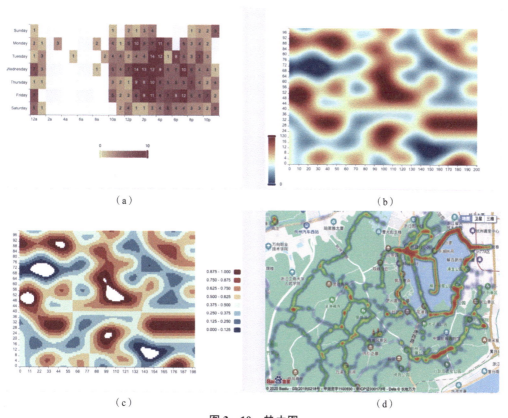

图 3 - 10　热力图

（a）笛卡尔坐标系上的热力图；（b）热力图——2w 数据；

（c）热力图——颜色的离散映射；（d）热力图与百度地图扩展

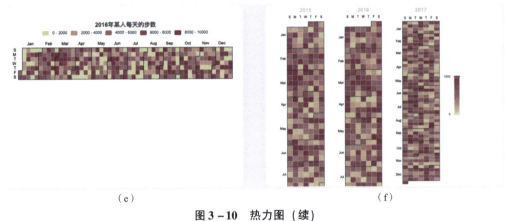

（e）

图 3 – 10　热力图（续）

（e）日历热力图；（f）纵向日历图

（九）关系图

关系图是表示关系、属性和联系的概念关系模型图，是用连线来表示事物相互关系的一种方法，可找出因素之间的因果关系，便于通观全局，分析研究以及拟定出解决问题的措施和计划。图 3 – 11 为关系图，图 3 – 12 为三维关系图。

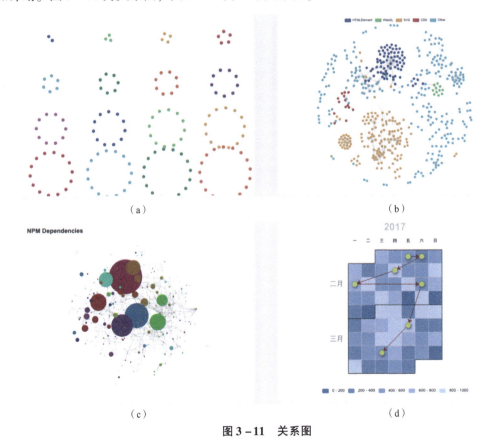

图 3 – 11　关系图

（a）力引导布局；（b）WebKit 模块关系依赖图；（c）NPM 依赖关系图；（d）日历关系图

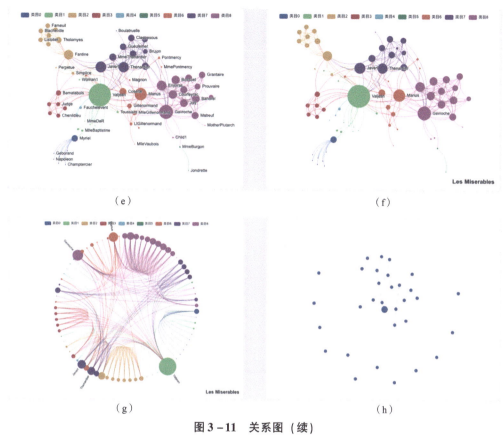

图 3-11　关系图（续）

（e）关系图自动隐藏重叠标签；（f）《悲惨世界》人物关系图；
（g）《悲惨世界》人物关系图（环形布局）；（h）动态增加图节点

图 3-12　三维关系图

（a）GPU 图形布局；（b）GL 图形——大型互联网；（c）1w 节点 2w7 边的 NPM 依赖图

（十）树图

　　树图是一种流行的利用包含关系表达层次化数据的可视化图表方法。由于其呈现数据时高效的空间利用率和良好的交互性，受到众多设计师的关注，得到深入的研究，并在科学、社会学、工程、商业等领域都得到了广泛的应用。树图能将事物或现象分解成树枝状，又称树形图或系统图（图 3-13）。树图就是把要实现的目的与需要采取的措施或手段系统地展开，并绘制成图，以明确问题的重点，寻找最佳手段或措施。树图是从一个项目出发，展开两个或两个以上分支，然后从每一个分支再继续展开，依此类推。它拥有树干和多个分支，所以很像一棵树。树图通常是用来将主要的类别逐渐分解成许多越来越详细的层。绘制树图有助于思维从一般到具体的逐步转化。

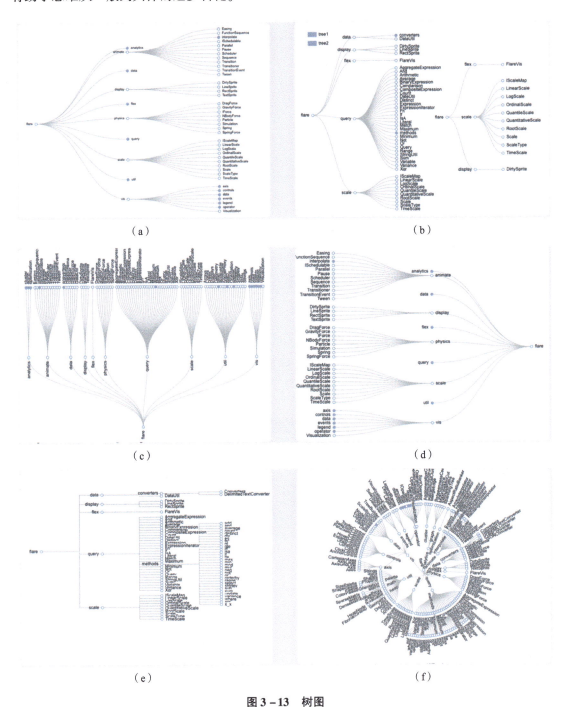

（a）　　　　　　　　　　　　　　　　（b）

（c）　　　　　　　　　　　　　　　　（d）

（e）　　　　　　　　　　　　　　　　（f）

图 3 – 13　树图

（a）从左到右树状图；（b）多棵树；（c）从下到上树状图；（d）从右到左树状图；

（e）拆线树图；（f）径向树状图

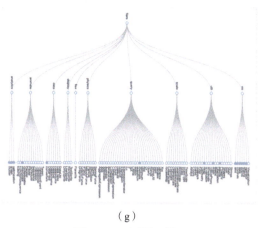

（g）

图 3 – 13　树图（续）

（g）从上到下树状图

（十一）桑基图

桑基图即桑基能量分流图，也称桑基能量平衡图。它是一种特定类型的流程图，图中延伸的分支的宽度对应数据流量的大小，通常应用于能源、材料、金融等数据的可视化分析。因 1898 年马修·亨利·桑基绘制的《蒸汽机的能源效率图》而闻名，此后便以其名字命名为桑基图（图 3 – 14）。

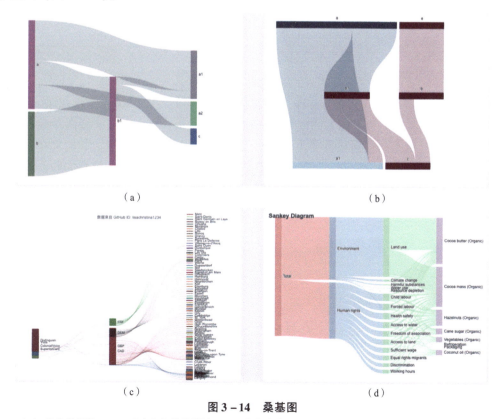

（a）　　　　　　　　　　　　　　　　（b）

（c）　　　　　　　　　　　　　　　　（d）

图 3 – 14　桑基图

（a）基础桑基图；（b）垂直方向的桑基图；（c）节点自定义样式桑基图；（d）层级自定义样式桑基图

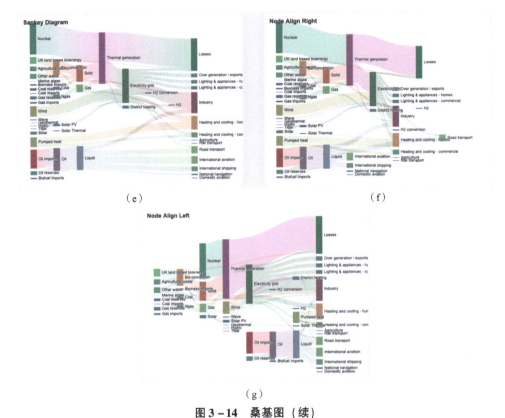

（e）

（f）

（g）

图 3 – 14　桑基图（续）

（e）渐变色边桑基图；（f）左对齐布局桑基图；（g）右对齐布局桑基图

（十二）河流图

　　河流图是堆叠面积图的一个变种，形态像河流的图，主要表达多数据波线的变化（图 3 – 15）。不同类型的数据用不同颜色的面积区域来显示，每个填充区域从左到右按照时间顺序流动，每个类别的数据数值变化就会形成一条条粗细不一的河流，并汇集在一起形成更大的河流。不同于堆叠面积图，河流图并不是将数据数值绘在一个个笔直的轴上，而是将数据分散到一个变化的中心基准线上，该基准线不一定是笔直的。

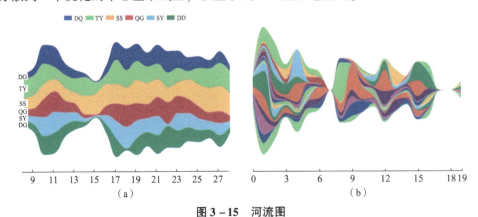

（a）

（b）

图 3 – 15　河流图

（a）主题河流图；（b）调频河流图

以上列举的是常见的图表类型，随着计算技术和计算机生成技术的开发，图表的视觉形态从二维到三维产生了丰富的变化，信息可视化设计师应根据数据信息的分析，合理地选择图表的表达方式。图 3 – 16 是国外数据分析网站提供的数据判断与信息图表类型的选择路线。

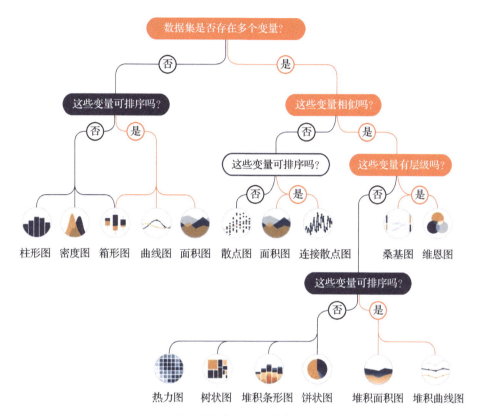

图 3 – 16　数据判断与信息图表类型的选择路线

二、现代信息可视化设计工具

（一）Excel 与 Numbers 表格

Excel 是微软（Microsoft）为使用 Windows 和 Apple Macintosh 操作系统的电脑编写的一款电子表格软件。直观的界面、出色的计算功能和图表工具，再加上成功的市场营销，使 Excel 成为最流行的个人计算机数据处理软件。在 1993 年，作为 Microsoft Office 的组件发布了 5.0 版之后，Excel 就开始成为操作平台上的电子制表软件的霸主（图 3 –17）。

Numbers 是苹果公司开发的电子表单应用程序，作为办公软件套装 iWork 的一部分，与 Pages、Keynote 分别销售。图 3 – 18 为 Numbers 软件图标，图 3 – 19 是用 Numbers 制作的数据图表。

图 3 – 17　Excel 软件图标

图 3 – 18　Numbers 软件图标

月度预算

使用方法：将每个类别的预算输入到下方的摘要(按类别)表格。
在交易工作表，以查看实际支出与预算的比较情况。

摘要 (按类别)

类别	预算	实际支出	差额
汽车	¥200.00	¥90.00	¥110.00
娱乐	¥200.00	¥32.00	¥168.00
食物	¥350.00	¥205.75	¥144.25
房屋	¥300.00	¥250.00	¥50.00
医疗	¥100.00	¥35.00	¥65.00
个人项目	¥300.00	¥80.00	¥220.00
旅行	¥500.00	¥350.00	¥150.00
水电煤气费	¥200.00	¥100.00	¥100.00
其他	¥50.00	¥60.00	(¥10.00)
总计	¥2,200.00	¥1,202.75	¥997.25

图 3 – 19　用 Numbers 制作的数据图表

（二）网络商店提供的各种立体图表组件模板

互联网时代下建立在因特网上的网络商店，是一个可以让顾客从家里的计算机购物、商人可以贩卖产品的服务场所。互联网上有在线图表制作网站，如图表秀、花火数据等，都拥有丰富的基础图表格式，用户可以在线完成信息图表制作。如图 3 - 20、图 3 - 21 所示，网络商店提供的各种平面、立体图表组件模板。

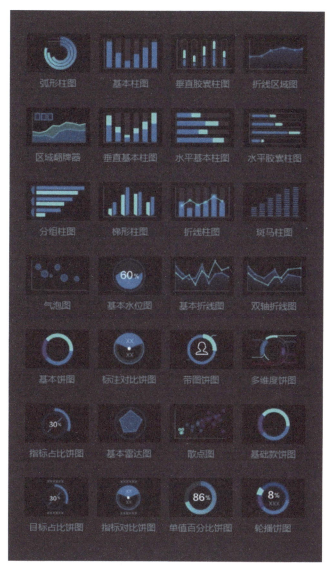

图 3 - 20 网络商店提供的各种平面图表组件模板

（三）谷歌图表 API

谷歌提供了大量现成的图表类型，从简单的线图表到复杂的分层树地图等，它还内置了动画，用户可进行交互控制（图 3 - 22）。

图 3 - 21　网络商店提供的各种立体图表组件模板

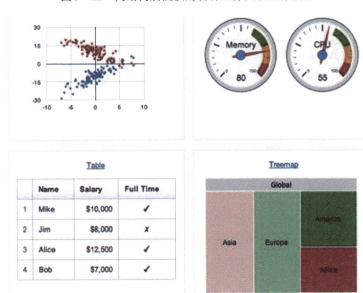

图 3 - 22　谷歌图表 API

(四) D3

　　D3 的全称是 Data - Driven Documents，使用 D3 主要是用来做数据可视化图表。D3 能够提供大量线性图和条形图之外的复杂图表样式，例如 Voronoi 图、树形图、圆形集群和单词云等。D3js 是一个可以基于数据来操作文档的 Java 脚本库。可以帮助用户使用 HTML、CSS、SVG 以及 Canvas 来展示数据。D3 遵循现有的 Web 标准，可以不需要其他任何框架独立运行在现代浏览器中，它结合强大的可视化组件来驱动 DOM 操作。D3 界面及图表如图 3 - 23 所示。

(五) Processing

　　Processing 是一门开源编程语言和与之配套的集成开发环境（IDE）的名称。Processing 运用于大量的新媒体和互动艺术作品中，是数据可视化的招牌工具（图 3 - 24）。Processing 是适合设计师和数据艺术家的开源语言，具有语法简单、操作便捷的特点。在数据可视化方面，Processing 不仅可以绘制二维图形，还可以绘制三维图形。除此之外，为了扩展其核心功能，Processing 还包含许多扩展库和工具，支持播放声音、动画、计算机视觉和三维几何造型等（图 3 - 25）。

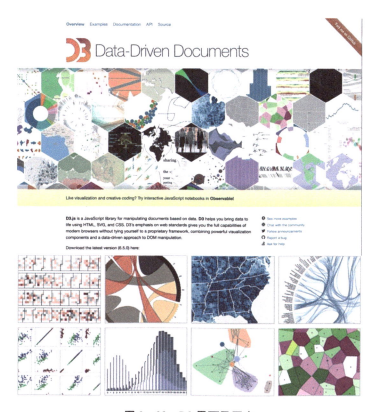

图 3 – 23　D3 界面及图表

图 3 – 24　Processing 图标

图 3 – 25　Processing 生成的设计图

（六）Timeline

即时间轴工具，用户通过这个工具可以一目了然地知道自己在何时做了什么（图 3 –26）。

（七）Sigma. js

Sigma. js 是一个开源的轻量级库，用来显示交互式的静态和动态图表（图 3 –27）。

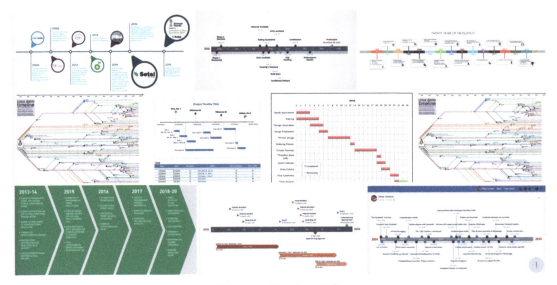

图 3 – 26　Timeline 图表

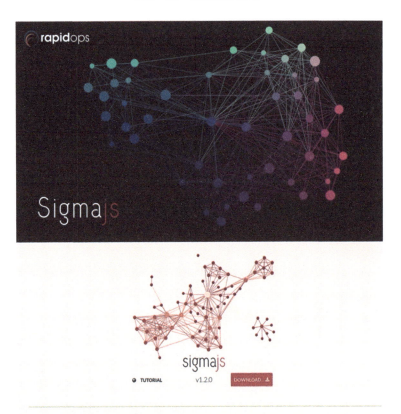

Sigma is a JavaScript library **dedicated to graph drawing**. It makes easy to publish networks on Web pages, and allows developers to integrate network exploration in rich Web applications.

图 3 – 27　Sigma. js 界面图

（八）Apache Echarts

Apache Echarts 是一款基于 Java Script 的数据可视化图表库（图 3 – 28），提供直观、生动、可交互、可个性化定制的数据可视化图表。Apache Echarts 致力于让开发者以更方便的方式创造灵活丰富的可视化作品（图 3 – 29）。

图 3 – 28　Apache Echarts 首页

图 3 – 29　Apache Echarts 界面

（九）阿里云 DataV

阿里云 DataV 是阿里云出品的拖拽式可视化工具，专精于业务数据与地理信息融合的大数据可视化。阿里云 DataV 旨在让更多的人看到数据可视化的魅力，帮助非专业的工程师通过图形化的界面轻松搭建专业水准的可视化应用场景（图 3 – 30），满足会议展览、经济数

据监控、气象监控风险预警、地理信息分析等多种业务的展示需求，如图 3 – 31 ~ 图 3 – 34
所示。

专业级大数据可视化
专精于地理信息与业务数据融合的
可视化，提供丰富的行业模版和交互
组件，支持自定义组件接入

多种数据源支持
支持接入包括阿里云分析型数据
库、关系型数据库、本地CSV上传
和在线API等，支持动态请求

图形化编辑界面
拖拽即可完成样式和数据配置，
无须编程就能轻松搭建数据大屏

灵活部署和发布
适配非常规拼接大屏，支持
加密发布，支持本地部署

图 3 – 30　阿里云 DataV 产品优势

图 3 – 31　区域经济监测数据大屏

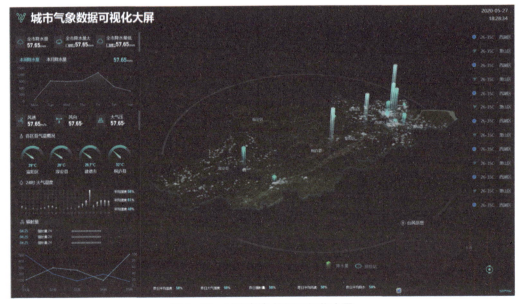

图 3 – 32　城市气象数据可视化大屏

图 3 – 33　商圈生态模拟展示

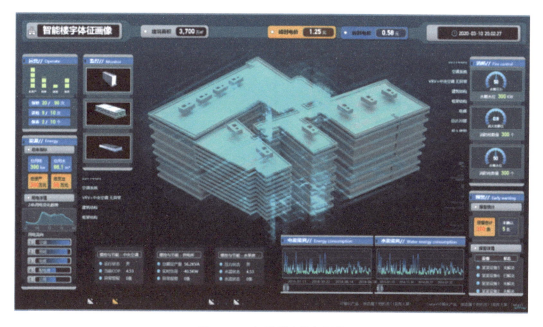

图 3 – 34　智能楼宇体征画像

（十）Python

　　Python 由荷兰数学和计算机科学研究学会的吉多·范罗苏姆于 1990 年设计，Python 提供了高效的高级数据结构，还能简单有效地面向对象编程。Python 语法和动态类型以及解释型语言的本质，使它成为多数平台上写脚本和快速开发应用的编程语言。随着版本的不断更新和语言新功能的添加，Python 逐渐被用于独立的大型项目的开发。Python 解释器易于扩展，可以使用 C 或 C ++（或者其他可以通过 C 调用的语言）扩展新的功能和数据类型。Python 也可用于定制化软件中的扩展程序语言。Python 丰富的标准库提供了适用于各个主要系统平台的源码或机器码。

2021 年 10 月，语言流行指数的编译器 Tiobe 将 Python（图 3 – 35）加冕为"最受欢迎的编程语言"，20 年来首次将其置于 Java、C 和 JavaScript 之上。

图 3 – 35   Python 图标

第四章

信息可视化设计师/团队和优秀作品案例

信息可视化设计经历了长时间的发展和演变，有很多设计师/团队投身其中，创造出多种多样的视觉设计风格。为了探究信息可视化设计领域丰富且灿烂的全貌，本章介绍极具知名度的信息可视化设计师/团队以及他们是如何理解信息可视化设计的思考。他们之中有的擅长插画和平面设计，有的则善于建筑制图等设计……他们以不同的方式影响了信息可视化设计的表达方向，并凭借自己创意和杰出的设计在某种程度上推动了信息可视化设计的发展。

一、中国信息可视化设计师/团队及作品

（一）上海大学上海美术学院团队

上海大学上海美术学院在信息可视化设计相关方向的教学与实践中，以信息图、数据图表、实体可视化、交互式信息可视化等各种不断变化的数据展示其背后需要重新思考视觉与体验、传达与洞察、沟通与行动等可视化设计最根本的价值取向，引导学生从单纯的图形创作向良好的信息体验上转变。

上海大学上海美术学院执行院长王大伟认为："如果我们把数字技术看成挑战人类思维和智慧的武器，一旦我们接受挑战，它将帮助人类认知未来，创造更好的未来。"而上海美术学院也在不断探索信息可视化艺术与技术结合的形式与手段，进行不断创新。

例如上海大学上海美术学院信息与交互设计工作室的信息可视化作品《解构藏文》（图4-1~图4-3），不仅获得了世界一线可视化学术会议 IEEE VIS 下设的艺术项目 VISAP（VIS Art Program）奖项，也获得了 2021 中国数据大赛金奖等。该作品采用了大量的可视化设计呈现方法，对藏文进行解构，对藏文诗歌的文本进行视觉化设计，让读者更好地理解藏文与藏文化。

（二）江南大学团队

江南大学近几年运用设计的力量，进行了系列的扶贫活动。在设计方法指引下，以设计推进地域文化资源的融合、生产生活方式的创新、审美价值的提升，从而为乡村振兴提供方式和路径上的支持。尤其是信息可视化设计，其在主题知识化、情感体验、交叉融合等方面显示出明显的优势，可以运用信息可视化的设计方法，为乡村振兴与精准扶贫提供设计服务。以江南大学团队的信息可视化设计作品《Invisible Pixel》（图4-4~图4-6）为例，运用信息可视化的设计方法与短视频媒体呈现形式的结合，来诠释数据叙事作品。

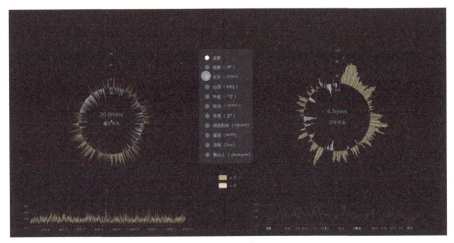

图 4 – 1 《解构藏文》1

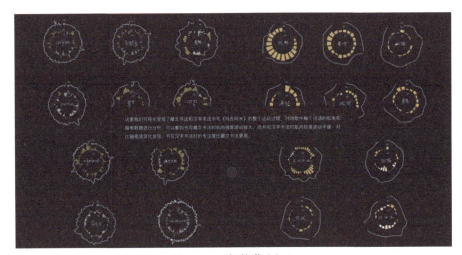

图 4 – 2 《解构藏文》2

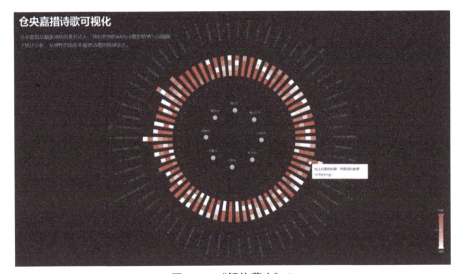

图 4 – 3 《解构藏文》3

如今，互联网与社交媒体将私人表达转化为公共交流，迅速扩展了城乡间的文化亲密性。因此，该作品收集了快手平台扶贫计划中的活跃用户，并对其视频进行了分析，提取出各个账号中的描述文字。同时，通过机器算法自动生成图片，从而构成生动的贫困账户群体。在此基础上，利用 unity 技术软件设计开发网页，将活跃用户账号中的视频资料数据抽取出来，提取描述性文本输入 Deep – Zee 中生成影像，以艺术与科技结合的角度描绘数据叙事景观。

图 4 – 4 《Invisible Pixel》1

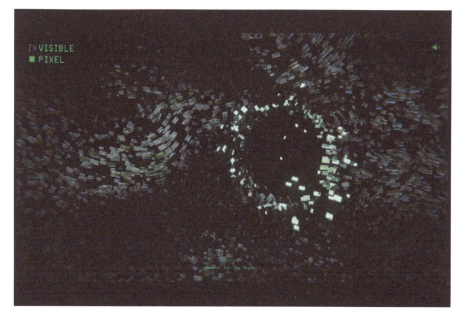

图 4 – 5 《Invisible Pixel》2

图 4 – 6 《Invisible Pixel》3

（三）向帆

2015 年年初，清华大学美术学院视觉传达设计系副教授向帆发表了《数据追问——全国美展油画作品视觉化解读》。这篇文章通过向帆和她的团队对全国美展获奖油画作品的视觉化分析，为一个图像数据库来做研究。除了完成了交互平台 AwardPuzzle、视频展示外，向帆和她的团队还设计了一些人工智能图像分析等有趣的视觉化试验，运用谷歌的人工智能开源代码分析全国美展油画作品，显现了色调、题材、作品名称、画幅、获奖经历等因素与获奖的相关度，提出了不同于传统视角的艺术观察新方法，可谓计算机科学技术与艺术研究的精彩案例。向帆和她的团队根据文章创作的信息可视化作品《Award Puzzle》，随着数字音乐的有力节奏，2276 张获奖油画作品如一些彩色的小斑点般在人们眼前铺陈而来，人们既能凌空鸟瞰一片斑斓的油画天地，又能瞬时俯冲而下观察每个作品的细节，这种观赏油画的方式是前所未有的。该作品的可视化界面如图 4 – 7 ~ 图 4 – 9 所示。

图 4 – 7 《Award Puzzle》可视化界面之一

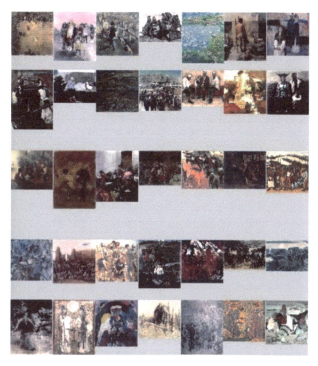

图4-8　《Award Puzzle》可视化界面之二

图4-9　《Award Puzzle》可视化界面之三

二、外国信息可视化设计师/团队及作品

（一）张圣焕（韩国）

张圣焕号称"韩国信息可视化设计先行者"，他凭借对信息可视化设计的认同与喜爱，潜心钻研其中的规律并提炼出了一套完整的信息可视化设计方法论。在他看来，信息可视化设计是一个充满无限可能的职业。张圣焕说："我们可以轻松地在世界上任意一个国家的机场里找到厕所，是因为有代表'厕所'的图片和图画文字。当然图画文字只是信息图表中

一个很小的部分。现在，我们生活的世界已经成为一个更多地运用视觉信息打破地域和语言限制的时代。"

作为韩国信息可视化设计先行者，张圣焕谦虚地说自己并不是非常理性、逻辑性很强的人，能在信息可视化设计方面取得一些成绩更多是基于自己对信息可视化的兴趣。张圣焕小时候很喜欢读书，阅读量很大，常常参与学校板报、海报等设计任务，将大量信息归纳成易读易懂的板报算是启蒙阶段。而他真正以设计师的身份介入信息可视化设计是从 1992 年在韩联社的工作经历算起。

张圣焕凭借兴趣做了大量非商业性的信息可视化设计作品，餐饮类、地图类等，只要感兴趣的领域他都会设计。张圣焕说："那时，不图赚钱，只因喜好，没想到它们在平台上的公益传播却带来了很好的社会价值，大家很喜欢这种结构清晰、有趣味且易懂的信息传播形式。这让我很有成就感，并决定一直做下去。"张圣焕的设计特点是拟物扁平的插图画风，详细绘制组成物品的部分和构件。他的代表作品有韩国首尔和济州岛地域地图信息可视化设计（图 4-10、图 4-11），食品类信息可视化设计（图 4-12~图 4-14），书籍装订和印刷类信息可视化设计（图 4-15~图 4-17）。

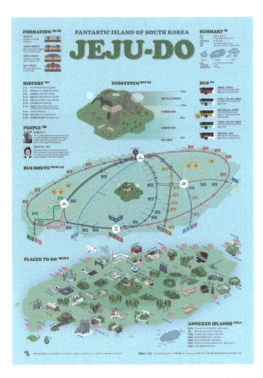

图 4-10　首尔地图信息可视化设计　　　图 4-11　济州岛地图信息可视化设计

信息可视化作品《打包清单》是为出国旅行打包行李的过程和注意事项等进行的设计，图 4-18 为作品的草图设计及最终成品。

信息可视化作品《紫菜包饭》是为食品紫菜包饭的制作过程和种类等进行的设计，图 4-19 为作品的草图设计及最终成品。

图 4-12 食品类信息可视化设计之一

图 4-13 食品类信息可视化设计之二

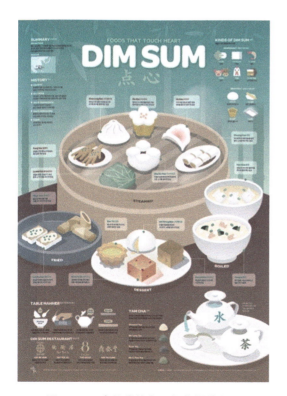

图 4-14 食品类信息可视化设计之三

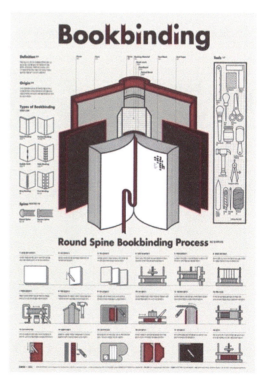

图 4-15 书籍装订类信息可视化设计

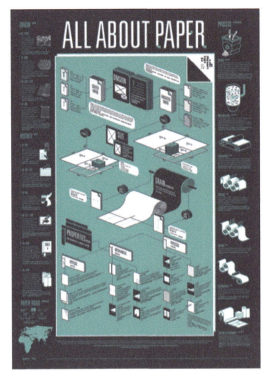

图 4 – 16　印刷类信息可视化设计之一

图 4 – 17　印刷类信息可视化设计之二

（a）

（b）

（c）

图 4 – 18　《打包清单》设计草图及最终成品

（a）草图设计之一；（b）草图设计之二；（c）最终成品

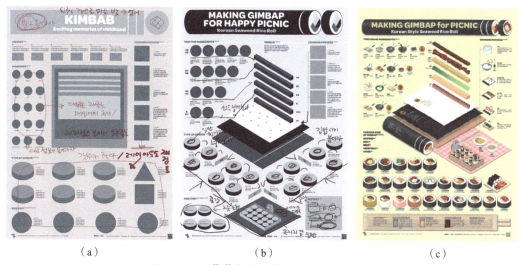

图 4-19　《紫菜包饭》草图设计及最终成品

（a）草图设计之一；（b）草图设计之二；（c）最终成品

信息可视化作品《烧酒》是为韩国烧酒的制作过程和种类等进行设计的，图 4-20 为作品草图设计及最终成品。

图 4-20　《烧酒》草图设计及最终成品

（a）~（d）草图设计；（e）最终成品

信息可视化作品《了解猫咪护理》是为如何照顾猫咪和收养流浪猫以及对猫咪形态特征的科普说明等进行的设计，图 4-21 为作品的草图设计过程及最终成品。

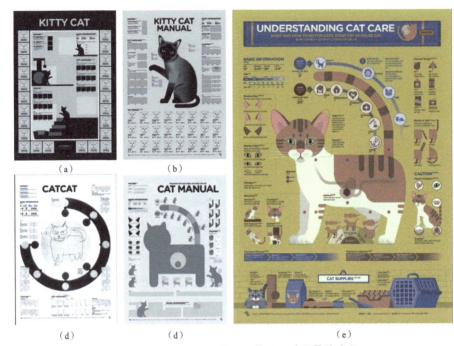

图 4 – 21　《了解猫咪护理》草图设计及最终成品

(a) ~ (d) 草图设计；(e) 最终成品

（二）彼得·格兰迪（英国）

彼得·格兰迪（Peter Grundy）是一名专注于信息设计领域 30 年的插画师和设计师。他通过设计简单、无障碍的交流与分享的体系，掌握了一种解决现代信息设计环境混乱的方法。他拥有卓越的能力，通过插画，能把复杂的、令人费解的信息变得简单、优雅。

信息可视化设计本来是单调乏味的，但是彼得·格兰迪化复杂为简单，他设计的信息图表简洁、优雅、有趣且充满想象力。与其说设计的是信息图表，不如说更像是一件艺术品。彼得·格兰迪把图像画得尽可能大，设计的医药类信息图表简单易懂、富有活力，除了用于帮助人们了解医药知识，又可应用到生活科普学习中。

彼得·格兰迪设计的一本儿童书《人类的身体》，是为 15 岁以下的孩子设计的插画书。它与平常的"医学插图"不一样，更简单、更有趣，这表达了他在信息设计方面的一个核心原则——"娱乐"，相信幽默能让复杂的信息更贴近人心。彼得·格兰迪关于人体器官医学知识的信息可视化设计的代表作品还有《健康的嘴》（图 4 – 22）、《一眨眼就明白事实》（图 4 – 23）、《感觉器官》（图 4 – 24）、《心》（图 4 – 25）。

（三）阿道夫·阿兰兹（西班牙）

阿道夫·阿兰兹（Adolfo Arranz）是世界上最被推崇的信息可视化设计师之一。他先加入了西班牙报纸《世界》，后来又成为新加坡传媒公司的创意总监。入行这些年来，他几乎荣获了国际的主要奖项，目前他负责管理中国香港一家报纸的咨询图像部。阿道夫·阿兰兹认为大部分的设计项目都是个有趣的挑战，能让你学习新知识，因为咨询图像的好坏取决于前期信息资料的搜集和研究的丰富性，这背后是一个持续不断学习的过程。

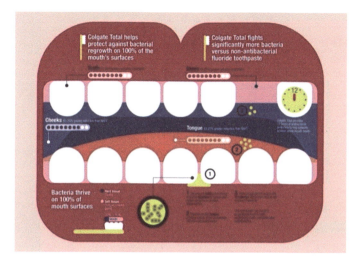

图 4 – 22 《健康的嘴》

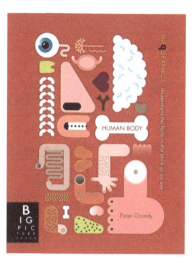

图 4 – 23 《一眨眼就明白事实》

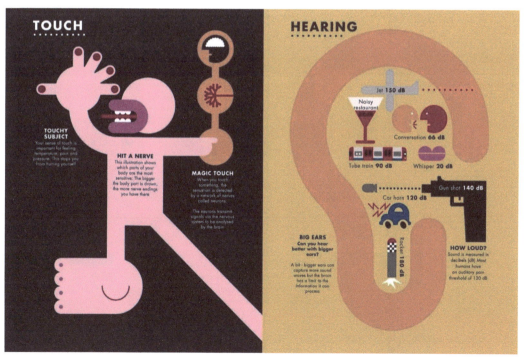

图 4 – 24 《感觉器官》

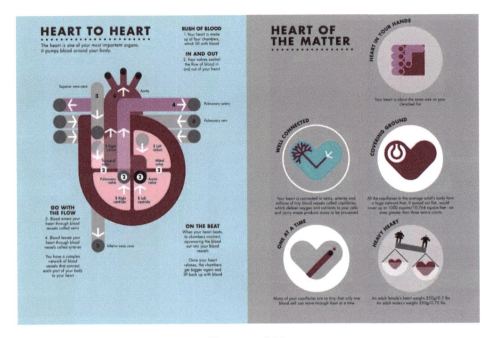

图4-25 《心》

阿道夫·阿兰兹的其他信息可视化设计作品有《小龙》（图4-26）、《猎人和猎物》（图4-27）、《口味问题》（图4-28）、《珠穆朗玛峰》（图4-29）。

图4-26 《小龙》

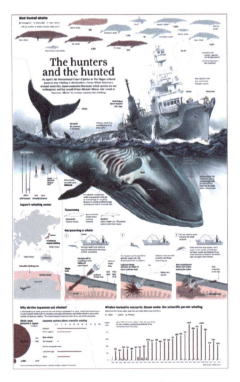

图4-27 《猎人和猎物》

图 4 - 28　《口味问题》

图 4 - 29　《珠穆朗玛峰》

（四）安娜·库阿（西班牙）

安娜·库阿（Ana Cuna）是西班牙马德里的一位自由职业插画师和设计师，同时她担任欧洲设计学院的信息可视化课程教师。她参与过多个插画项目，为书籍封面、杂志内容、纺织产品以及漫画集制作插画，同时还与 Monocle 杂志、快公司、PDN、Netflix、微软、福克斯、Snapchat 等品牌合作过。

众所周知，信息图表由文字、数据以及图像组成，安娜·库阿认为信息图表的关键是分析内容、创建框架，做好信息分级，并再加入排版设计和插画，通过一个完整的系统把信息清楚地表达出来。设计师应该具备准确、有条理性地处理文字、数据和图像的能力。这也是她从作为欧洲设计学院教师的角度，对信息图表设计的教育提出的关于新闻工作、平面设计、插画和编辑设计等方面培训的一些意见。

安娜·库阿认为信息可视化图表最复杂的地方是对内容的理解，这需要设计师深入地分解内容，分成小的部分，贴标签、分等级，然后再汇合在一起。需要创造一个信息分层的体系，然后在一个结实的框架串联起所有的内容，这是关键。安娜·库阿认为插画一方面撑起了文本和信息，另一方面增加了阅读性和帮助理解，就像奥图·纽拉特所说的"话语相隔，图像相合"。图像易被理解的关键是创作插画时应做到让内容变得简单，更容易理解。图像或者插画都必须起到解释的作用。

安娜·库阿的个人视觉风格最与众不同的地方应该是色调、信息图表的网格布局以及主插画的黑边线条。安娜·库阿说："我目前想挑战的是用更新鲜的风格、更自由的排版以及创造不同视角的对比来设计信息图表。我还想更多地利用信息图表的等距视角，因为我喜欢画等距线，以此探索排版风格。对我来说，编辑设计和排版是长久的挑战，因为这是我较少涉猎的领域。对信息的整理并在此基础上加入必要的排版和插画，好让整个作品看起来是一个完整的系统，主插画、辅助插画的其他工具以及排版都很重要。"

以下是安娜·库阿的设计作品。图 4 - 30 是地图设计，图 4 - 31 是东京图形符号，图 4 - 32 是《在博尔德生活和工作学习的费用是多少》。

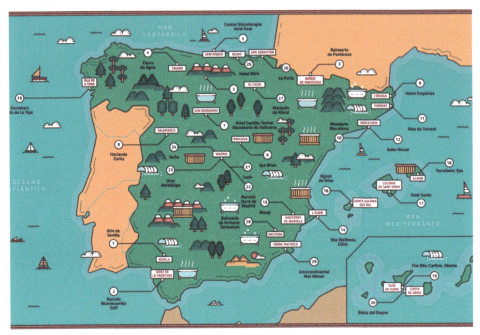

图 4 - 30　地图设计

图 4 - 31　东京图形符号

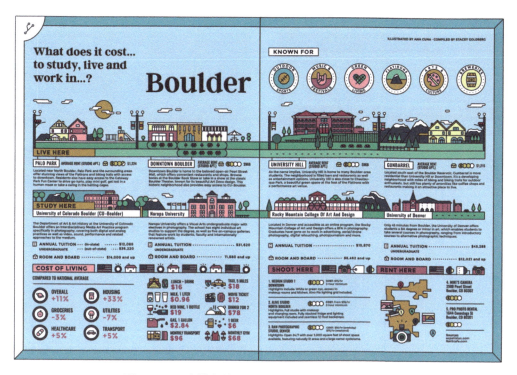

图 4 –32　《在博尔德生活和工作学习的费用是多少》

（五）扬·施沃乔团队（德国）

扬·施沃乔（Jan Schwochow）在柏林设立了一个信息可视化图表设计工作室。自 2007 年以来，他一直在管理 Golden Section Graphics 办公室。他率领的团队设计的作品获得了众多国家的国际奖项。扬·施沃乔和他的团队的设计风格和特点是：理性分析结构，信息图表制图如建筑师般精细，如体育场馆信息图（图 4 –33～图 4 –36）。在德国帆船戈奇福克下水 50 周年之际，他和他的团队开始以 3D 的形式重新创建帆船视觉图形并将其创作成信息可视化图表，这个项目是他与戈奇福克新闻官方合作设计的作品。他一直认为信息可视化设计内容与事实相符是非常重要的设计原则，所以在设计项目前他认真阅读包含该船的建造计划等相关内容，最终这个作品在许多报纸和杂志以及线上发表（图 4 –37）。

图 4 –33　体育场馆信息图 1

图 4 –34　体育场馆信息图 2

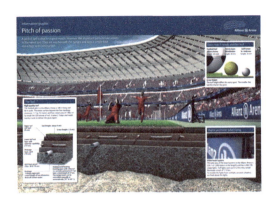

图 4 - 35 体育场馆信息图 3

图 4 - 36 体育场馆信息图 4

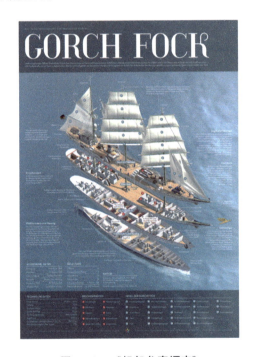

图 4 - 37 《帆船戈奇福克》

（六）阿尔贝托·卢卡斯·洛佩兹（美国）

阿尔贝托·卢卡斯·洛佩兹（Alberto Lucas López）是华盛顿高级地理图形编辑，他的作品在美国以及亚洲和欧洲获得了无数奖项。仅在 2015 年，他就赢得了 50 多项国际奖项。他最早接触信息图是在西班牙纳瓦拉大学上学的时候，他开始对信息图充满兴趣，并认为信息图表是表达新闻的一种语言，从此他开始探索这个充满激情的领域。

阿尔贝托·卢卡斯·洛佩兹的设计作品更多的是关注社会问题，并能够引发人们的思考。如代表作品《社会晴雨表》（图 4 - 38），他想通过建筑高度来衡量一个时代最重要的社会价值。世界上最高的建筑一直充当晴雨表，象征着社会最珍视的原则。在早期的历史中，建筑颂扬了宗教，然后是政府；之后这些建筑又被银行、纪念碑所取代；而今天，更多的是零售商厦、餐厅、办公室、酒店和住宅的组合。他为了给作品中每座建筑增加最大的细节，中间插图是采用墨水手工绘制的方式进行设计。他认为信息可视化图表设计的基本原则之一是使复杂性更加清晰，所以采用轻微的透视绘制，以确保每座建筑物图形都能立即被识别，一目了然地了解建筑的社会意义，并发现人类历史上的趋势。他的其他代表作品有《皇后"斯特拉"》（图4－39）。

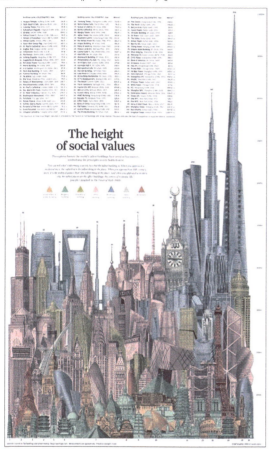

图4－38　《社会晴雨表》

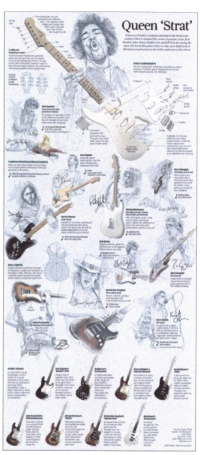

图4－39　《皇后"斯特拉"》

（七）安东尼奥·法拉赫（阿曼苏丹国）

安东尼奥·法拉赫（Antonio Fararh）是马斯喀特媒体集团的信息可视化设计图表编辑，也是《阿曼时报》和《青年报》的出版商。安东尼奥·法拉赫在信息可视化领域成果突出，先后获得了100多个奖项。他的信息可视化设计作品视觉效果突出，并且在信息叙事上设计逻辑清晰，在丰富内容的同时让人们理解所要表达和陈述的复杂信息。如他所设计的一张关于传统文化的信息图表，因为阿曼苏丹国的养蜂文化产业将在阿曼苏丹国《泰晤士报》和《青年报》上以双页格式出版，用来庆祝阿曼苏丹国国庆，信息图表中运用矢量插图清晰解释了阿曼苏丹国养蜂的两种方法：一种是用空心枣椰树干，另一种是用树枝养蜂（图4－40）。安东尼奥·法拉赫其他的设计作品如图4－41～图4－45所示。

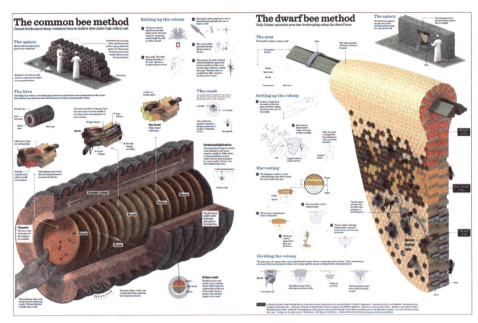

图 4 – 40　阿曼苏丹国养蜂信息图

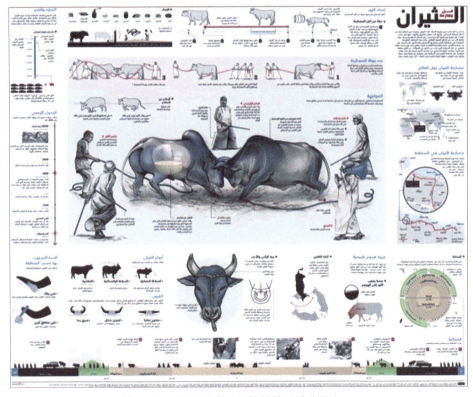

图 4 – 41　安东尼奥·法拉赫的设计作品之一

图4-42　安东尼奥·法拉赫设计作品之二

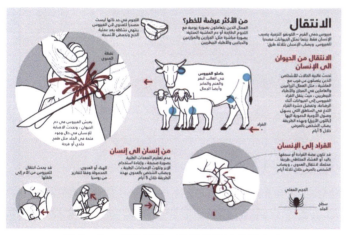

图4-43　安东尼奥·法拉赫设计作品之三

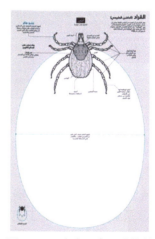

图4-44　安东尼奥·法拉赫
设计作品之四

三、国外交互信息可视化设计研究机构及作品

在信息大爆炸的时代，每天都有很多的新消息、新发现、新趋势向人们狂轰滥炸。作为信息可视化设计师，需要具备熟悉使用计算机语言和工具的能力，运用计算机辅助技术能为清晰快速地分析数据规律，获得洞见。符号传达信息，赋予诗意般的比喻，和文学意义里的比喻一样，两者间需有某种强关联性，才能构成比喻。赋予其诗意，则是为了动人的体验。信息数据瞬息万变，将信息可视化与交互设计相结合，互相配合，满足人们的信息需求，满足人们对信息获取的更好体验。

图 4–45　安东尼奥·法拉赫设计作品之五

（一）研究机构——密度设计研究实验室

在互联网大时代的背景下，设计与大数据无疑会成为当下的热门专业。密度设计研究实验室是意大利米兰理工大学时尚与艺术设计学院的一个研究实验室，密度设计研究实验室的作品聚焦于城市、社会与组织等复杂现象的可视化分析。该实验室旨在从设计角度研究可视化项目，研究兴趣包括可视化理论及认识、认知基础分析；通过数据可视化框架建构、推测性叙事的解决方案，用开放式方法实现可视化，从视觉叙事到视觉分析。该实验室还与其他研究员和组织合作，通过独立严谨的学术研究、开放式问卷调查，加深公众对世界的认知。

该实验室的设计师认为，作为设计师，能够熟悉使用计算机语言和工具能够大大减轻工作的负担，计算机辅助能更清晰、容易地分析数据规律。作品《2015 年孕产妇死亡率》（图 4–46）是以 2015 年产妇死亡率为主题，以花作为隐喻。因为鲜花会凋零，以给予下一代生命，以动态数字花瓣的变化呈现鲜花凋零的过程，每片花瓣的数量对应孕产妇死亡率数字。该作品呼吁人们要关心全世界的生育健康，尤其是要关心第三世界国家的生育健康。

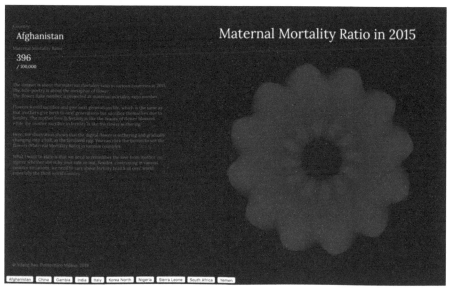

图 4 – 46　《2015 年孕产妇死亡率》

（二）作品

1. 《洛杉矶及芝加哥的收入差距》

作者：赫里格·舍拉邦

作者将洛杉矶和芝加哥的收入差距进行可视化呈现。图中两座城市的矩形建筑物高度对应了每个区域的收入水平，清晰地展现了现代城市中的贫富差距（图 4 – 47、图 4 – 48）。作品指出，大多数情况下，收入分化与种族隔离相关，暗指城市规划背后的政治操控。

2. 《探索海洋》

作者：苏珊·兰迪、康拉德·波帕波特、曼努埃尔·赖茨等

《探索海洋》这一交互式科学信息可视化作品利用多点触摸屏，通过赫伯罗特航运公司的远征船解释了复杂的海洋科学。细致的 3D 动画和丰富的数据可视化解释了全球海洋的状况，增进了用户对海洋科学和气候变化的理解。这个信息可视化作品分为 4 章，用户可以通过界面信息轻松的自学海洋知识（图 4 – 49 ~ 图 4 – 54）。

3. 《紫禁城的历史：视觉解说》

该作品是关于中国紫禁城历史及人物的可视化网页设计。作者访问了北京和台北，对紫禁城的建筑、历史以及北京和台北的故宫艺术收藏品进行深度研究，并通过插图、地图、虚拟现实、视频和故事将研究可视化。作品信息可视化界面设计如图 4 – 55 ~ 图 4 – 57 所示。

4. 《塑料灾难》

资料来源：《国家地理》杂志

作品刊于美国《国家地理》杂志。全球塑料垃圾以每年约 900 万吨的速度流入海洋，塑料垃圾对海龟、鸟类、鲸鱼等各种动物造成的影响已引起公众的强烈抗议，而阳光、风和海浪最终会把海洋塑料分解成几乎看不见的碎片，这些小于 5 毫米的微塑料将会对鱼类产生巨大的、灾难性的影响。《塑料灾难》展现了某些海域情况的严重性，例如在弗拉姆海峡，每加仑的海水塑料微粒超过1.3万个。作品《塑料灾难》信息可视化设计界面如图4-58~图4-62所示。

图4-47 《洛杉矶及芝加哥的收入差距》
信息可视化设计界面之一

图4-48 《洛杉矶及芝加哥的收入差距》
信息可视化设计界面之二

图4-49 《探索海洋》信息
可视化设计界面之一

图4-50 《探索海洋》信息
可视化设计界面之二

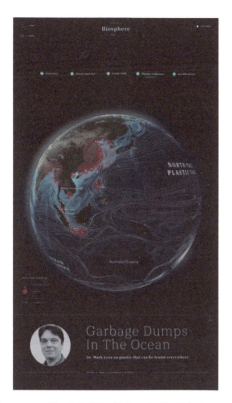

图 4-51　《探索海洋》信息可视化设计界面之三

图 4-52　《探索海洋》信息可视化设计界面之四

图 4-53　《探索海洋》信息可视化设计界面之五

图 4-54　《探索海洋》信息可视化设计界面之六

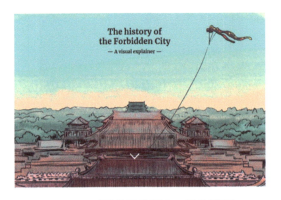

图 4 – 55 《紫禁城的历史：视觉解说》
信息可视化设计界面之一

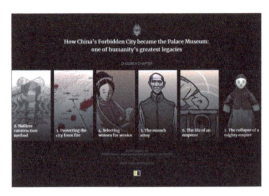

图 4 – 56 《紫禁城的历史：视觉解说》
信息可视化设计界面之二

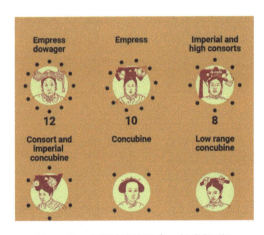

图 4 – 57 《紫禁城的历史：视觉解说》
信息可视化设计界面之三

图 4 – 58 《塑料灾难》
信息可视化设计界面之一

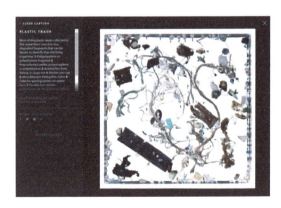

图 4 – 59 《塑料灾难》
信息可视化设计界面之二

图 4 –60 《塑料灾难》信息可视化
设计界面之三

图 4 –61 《塑料灾难》信息可视化
设计界面之四

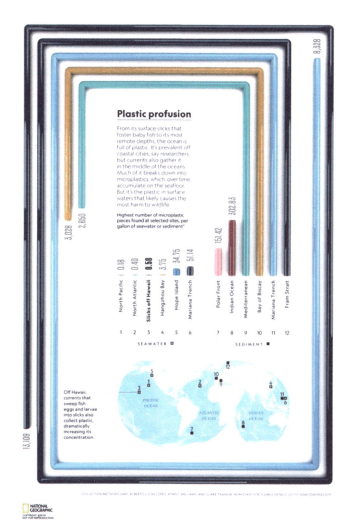

图 4 –62 《塑料灾难》信息可视化设计界面之五

5.《1790—2016 年美国移民年轮》

作者：佩德罗·克鲁兹等

该作品反映美国移民历史，采用树的年轮的生长图像化指代多国人种在美国各个时期的占比。该作品的信息可视化设计界面如图 4 –63 ～图 4 –67 所示。

Simulated Dendrochronology
of U.S. Immigration

1790-2016

Nature has its own ways of organizing information: organisms grow and register information from the environment. This is particularly notable in trees, which, through their rings, tell the story of their growth. Drawing on this phenomenon as a visual metaphor, the United States can be envisioned as a tree, with shapes and growing patterns influenced by immigration. The nation, the tree, is hundreds of years old, and its cells are made out of immigrants. As time passes, the cells are deposited in decennial rings that capture waves of immigration.

**图 4 –63　《1790—2016 年美国移民年轮》
信息可视化设计界面之一**

Each state has grown at different rates, with varying immigration profiles. Some are larger, some are smaller, and some have complex shapes that portray their immigration profile. Tree rings that are nearly circular indicate that population growth due to immigration was much less significant than that due to natural-born persons.

A cartogram of tree rings for the 50 states, showing immigration and natural-borns. Each cell corresponds to 150 people. Assembled by Steve Costa.

**图 4 –64　《1790—2016 年美国移民年轮》
信息可视化设计界面之二**

A forest of trees

The U.S. and its population growth can also be envisioned as a forest of trees. Tree sections, one for each state in the U.S., show the growth profile due to incoming immigration, but also due to newborns (here referred to as natural-borns).

Each state has grown at different rates, with varying immigration profiles. Some are larger, some are smaller, and some have complex shapes that portray their immigration profile. Tree rings that are nearly circular indicate that population growth due to immigration was much less significant than that due to natural-born persons.

**图 4 –65　《1790—2016 年美国移民
年轮》信息可视化设计界面之三**

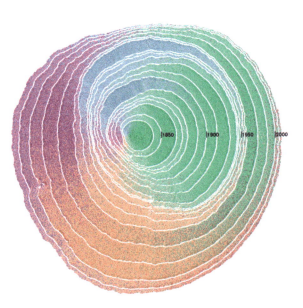

**图 4 –66　《1790—2016 年美国移民
年轮》信息可视化设计界面之四**

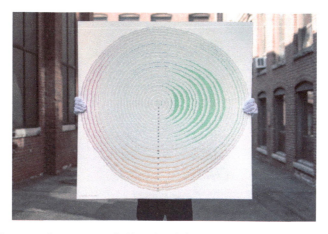

图 4-67 《1790—2016 年美国移民年轮》信息可视化设计界面之五

6. 《卫星：在轨 60 年》

作者：罗西亚·塞戈尼亚等

1957 年 10 月 4 日，苏联发射了世界上第一颗人造地球卫星——斯普特尼克 1 号。斯普特尼克 1 号在低轨道运行并连续发射了 92 天信号，人造地球卫星时代正式开启。自第一颗人造地球卫星发射以来，世界 70 多个国家向地球轨道发射了超过 8000 颗卫星，平均每年发射超过 180 颗人造地球卫星进入轨道。

2017 年为纪念空间探索 60 周年，罗西亚·塞戈尼亚和其设计团队统计了地球的每一颗人造卫星，并制作了 3D 交互信息可视化地图。报道从"第一颗卫星""空间巴比伦""卫星的命运""轨道运行""我们为什么需要卫星""卫星的未来"等几个方面全面展示了人类利用卫星探索空间的历史和现状，如图 4-68 ~ 图 4-74 所示。

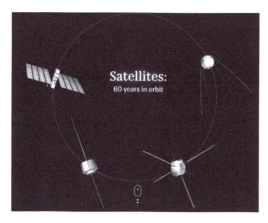

图 4-68 《卫星：在轨 60 年》
信息可视化设计界面之一

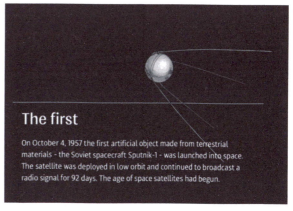

图 4-69 《卫星：在轨 60 年》
信息可视化设计界面之二

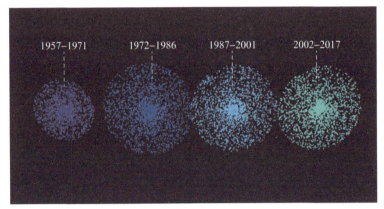

图 4 – 70　《卫星：在轨 60 年》信息可视化设计界面之三

图 4 – 71　《卫星：在轨 60 年》
信息可视化设计界面之四

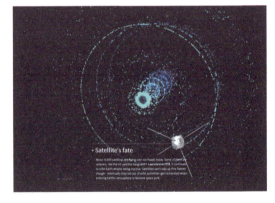

图 4 – 72　《卫星：在轨 60 年》
信息可视化设计界面之五

图 4 – 73　《卫星：在轨 60 年》
信息可视化设计界面之六

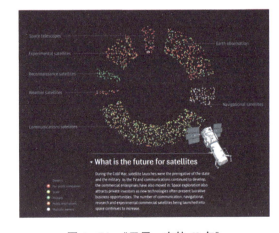

图 4 – 74　《卫星：在轨 60 年》
信息可视化设计界面之七

第五章

信息可视化设计课堂作业的实现与完成

一、思维导图与信息可视化设计流程

（一）思维导图简介

思维导图（The Mind Map），又称脑图、心智导图、脑力激荡图、灵感触发图，是表达发散性思维的有效图形思维工具，它简单同时又很高效，是一种实用性的思维工具。思维导图运用图文并重的技巧，把各级主题的关系用相互隶属与相关的层级图表现出来，把主题关键词与图像、颜色等建立记忆链接，充分运用左右脑的机能，利用记忆、阅读、思维的规律，协助人们在科学与艺术、逻辑与想象之间平衡发展，从而开启人类大脑的无限潜能。

思维导图是一种将思维形象化的方法。放射性思考是人类大脑的自然思考方式，每一种进入大脑的资料，不论是感觉、记忆还是想法，包括文字、数字、符码、香气、食物、线条、颜色、意象、节奏、音符等，都可以成为一个思考中心，并由此中心向外发散出成千上万的关节点；每一个关节点代表与中心主题的一个连接，而每一个连接又可以成为另一个中心主题，再向外发散出成千上万的关节点，呈现出放射性立体结构。就如同大脑中的神经元一样互相连接，也就是个人数据库。思维导图是一种图像式思维的工具，也是信息可视化设计中一种利用图像式思考的辅助工具。思维导图是使用一个中央关键词或想法引起形象化的构造和分类的想法，它用一个中央关键词或想法以辐射线形连接所有的代表字词、想法、任务或其他关联项目的图解方式，能有效地展开信息表现的逻辑与隶属关系。思维导图常用的软件有 XMind 和 MindMaster（图 5 – 1），软件的图级结构模板如图 5 – 2、图 5 – 3 所示。

图 5 – 1　XMind 和 MindMaster 软件图标

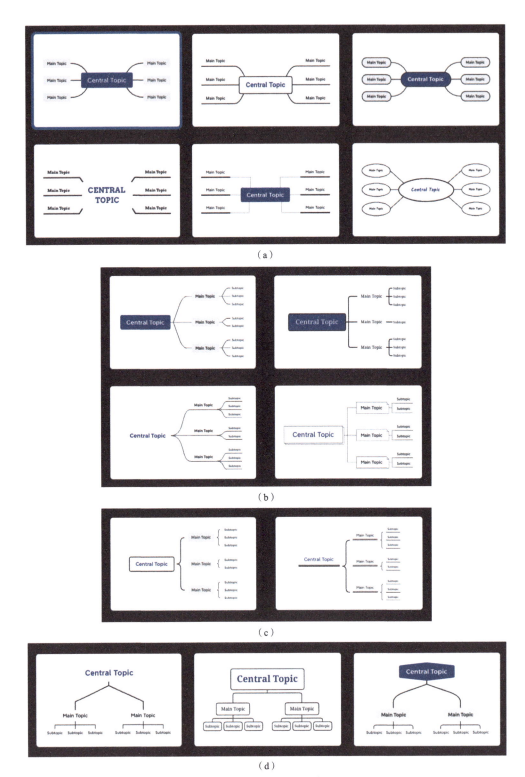

图 5 – 2　软件图级结构模板 1

（a）思维导图；（b）逻辑图；（c）括号图；（d）组织结构图

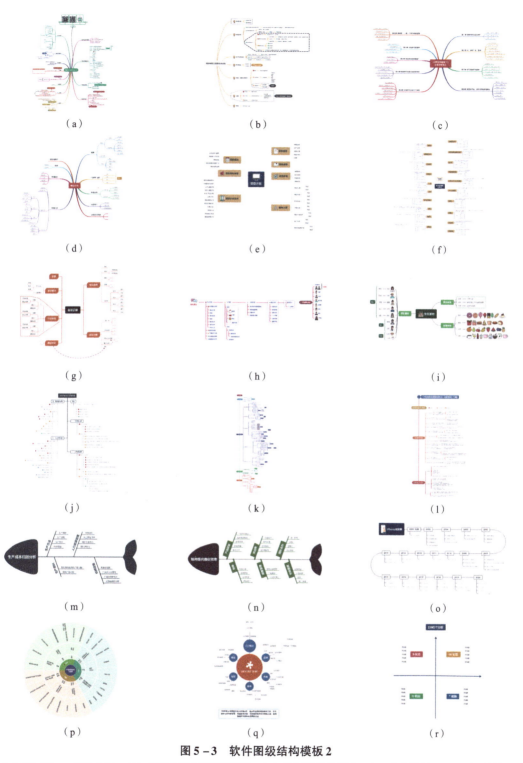

图 5 – 3　软件图级结构模板 2

（a）MindMaster 产品介绍；（b）解析电商文案撰写过程；（c）这样读书就够了；（d）商业计划；（e）项目计划；
（f）国内知名前端大佬汇总；（g）会议记录；（h）婚礼筹备；（i）筹办生日派对；（j）年度个人工作计划；
（k）小公司团队管理；（l）活动策划创意；（m）生产成本归因；（n）如何提高商业效率；
（o）iPhone 发展时间线；（p）产品运营 9 要素；（q）DESTEP 分析；（r）SWOT 分析

思维导图的绘制方法：

（1）由中心出发，将主题信息用个关键词或者图像描绘出来。关键词是指表达信息核心的单词，可以是名词，也可以是动词，但必须清晰、具体、有意义。

（2）列出次主题，即由主题衍生出的多个分支，并与主题相关联。

（3）在不考虑顺序和结构的情况下，用关键词展示其他细节要点，并将它们与次主题相关联。

（4）用不同的颜色来表示不同的次主题。

（5）选择剩余的关键词，并用不同的中文字体、英文大小写字母标注，或者用色彩重新描绘。

（6）按级别使用不同粗细的线条，同级别的线条粗细相同。

（7）使用多种颜色对信息分类，或强调某个视觉中心。

（8）将重点突出，按顺序标出次主题下细节要点，展现思维导图中的信息关系。

（9）从整体逻辑结构上入手，同时使用放射状等级构图、数字顺序以及轮廓线框出某分支的方式，使思维导图的结构保持清晰，内容易懂。

（10）完成基本思维导图。

（二）信息可视化设计流程

1. 建立信息逻辑

整理搜集信息与数据，整合逻辑，完成思维导图。标注信息中心和设计重心。尽量使用图形或图像代替所有信息，并使用符号、代码以及维度空间扩展思维导图。将这个草图转变为个人风格的设计稿。

2. 基础图形与图表创意

基础图形的创意是非常重要的，在梳理整理信息大数据的前提下，选择相对应的恰当图表形式将数据信息整合表达。除了最常用的几种基础图表图形，目前利用计算和设计衍生出多样的图表形式，可以采用平面到三维立体的形式展示多样化的数据信息。

通过对基础图形的创意来突出设计主题，体现与主题相关的设计效果，设计符合当前数字时代审美的科技图形创意作品。尽可能少用文字来表达信息含义，设计象征性符号或图形，用图沟通，提高效率。

3. 制造视觉亮点和高吸引度

当今信息时代的用户对信息的浏览速度越来越快，视觉设计应该以最直观的方式去表达作品所要传达的主要信息内容，制造高吸引度图形，如插图或象征图形，增加图表的趣味性和独特性。

4. 视觉导向流程与阅读秩序

信息可视化图表的版面设计要充分尊重人们的阅读习惯。当一张图表中充斥大量的信息时，需要设计者合理地利用视线移动规律，将信息顺畅、有效地传达给读者。图表设计是直观的、形象的、准确的，它的表现手法虽然多种多样，但是在信息传达方面始终要坚持信息可读性和条理性共存。

二、地图信息图表课堂作业的实现

信息可视化设计的教学作业项目的实现是从地图图示信息到复杂的整合信息项目循序渐进的，遵循从简单到复杂、从单项到综合的信息载体进行。视觉创作的表现手法是从教学初就建议学生建立个人的图像表达艺术形式。针对地图信息设计项目要求，学生必须亲自进行实地调研，分搜集信息、数据与实地直观照相两部分进行；鼓励学生尝试扁平、2.5D、3D、艺术化等多种风格进行视觉表达。

此阶段的课业练习由三部分组成：单体建筑信息练习、区域地图艺术性表达练习、事件地图信息练习。

（一）单体建筑信息练习

本练习从简单直观的信息开始，选取学校区域内的一个单体建筑，要求学生亲自调研，研究建筑内外部具体位置的信息与功能信息，加以结构清晰化的视觉表达。案例选取学校一栋高层教学楼，学生设计分为一般性分层图表表达（图 5 –4、图 5 –5）和用楼层错层插图图表表达（图 5 –6、图 5 –7），分别用色彩、插图和符号等表示具体楼层区域功能和设备的配置情况。

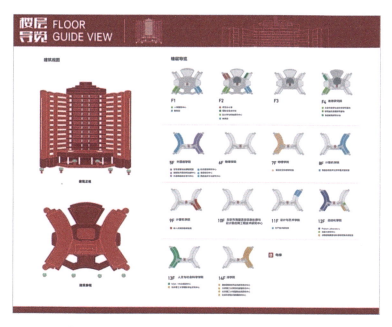

图 5 –4　高层教学楼一般性分层图表之一（设计者：李伟卓　郑志远）

图 5 –8～图 5 –11 所示作品是学生用 2.5D 的表现形式展现学校教学楼的立体特点，同时用拟人、拟物的图标表示人物和工具等，强化每一层的教学和功能属性，把学校的一些典型的标志性物品进行点缀，增加了地图图表的趣味性。

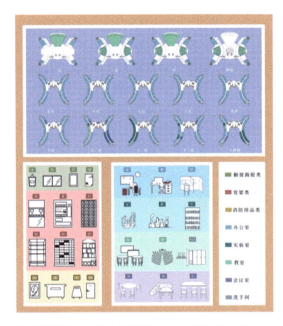

图 5 - 5   高层教学楼一般性分层图表之二（设计者：陈一宁　宋新茹）

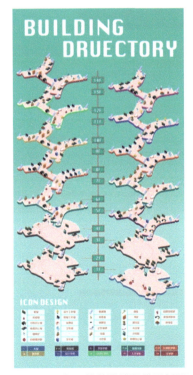

图 5 - 6   高层教学楼楼层错层插图
图表之一（设计者：马宇昂　何佳虹）

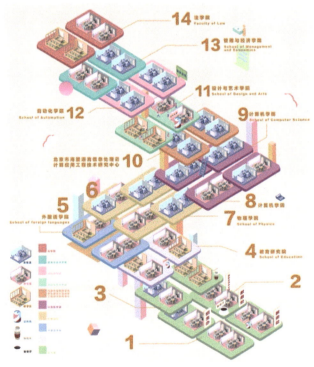

图 5 - 7   高层教学楼楼层错层插图
图表之二（设计者：李梦帆　乔楠）

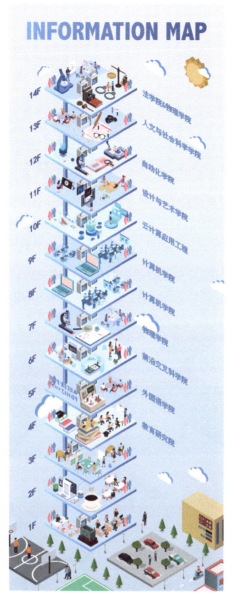

图 5 - 8　采用 2.5D 表现形式展示学校教学楼的立体特点（设计者：黄梦瑶　薄扬）

图 5 - 9　采用 2.5D 表现形式展示学校教学楼不同楼层的细节插图之一（设计者：黄裴瑶　薄扬）

图 5 –10　采用 2.5D 表现形式展示学校
教学楼不同楼层的细节插图之二
（设计者：黄梦瑶　薄扬）

图 5 –11　采用 2.5D 表现形式展示学校
教学楼不同楼层的细节插图之三
（设计者：黄梦瑶　薄扬）

　　图 5 – 12 为学生选取学校服务中心分层进行信息图表设计，图 5 – 13 是学生实地调研后整理的思维导图，采用文字和照片相结合的方法梳理建筑物的信息和位置关系。

图 5 –12　学校服务中心分层信息图表（设计者：卢辉玥）

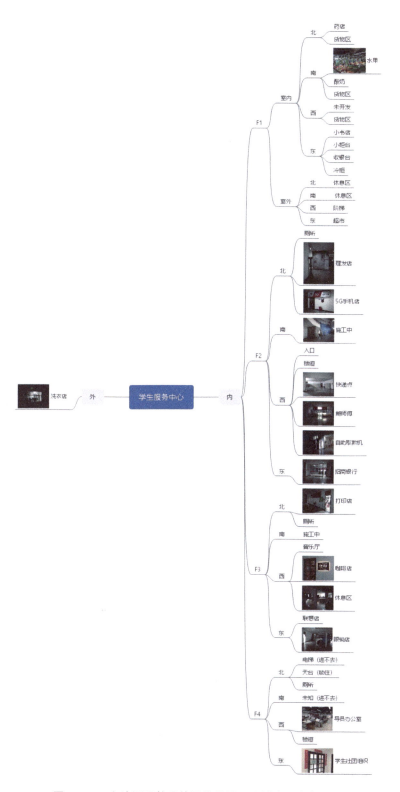

图 5 – 13　实地调研整理的思维导图（设计者：卢辉玥）

图 5－14 是学生对校园整体区域的地图设计展示，表达方法采用 3D 风格的视觉纵深感展示，从草图到最终实现的过程也是强化视觉风格的过程。

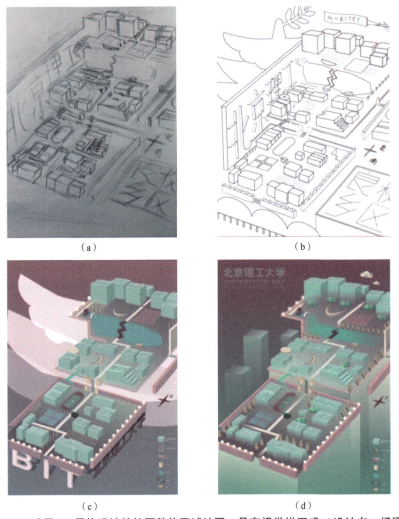

（a）

（b）

（c）

（d）

图 5－14 采用 3D 风格设计的校园整体区域地图，具有视觉纵深感（设计者：杨添翼）
（a）草图之一；（b）草图之二；（c）草图之三；（d）成品图

（二）区域地图信息艺术性表达练习

学生经过第一阶段的训练，训练了采集信息准确性的能力和思维分析条理性的能力。第二阶段练习目的是视觉图像表达方式的多样性。在保证表达信息的准确性同时鼓励学生尝试用艺术家的风格进行视觉表达，打破学生惯用的平面绘图方式，采用绘画艺术风格，丰富视觉的表达方式，同时训练视觉符号的提炼能力。

[区域地图 1] 北京奥林匹克公园地区区域地图
设计者：贾鑫铭　韩锦霖
图 5－15 绘制的是北京奥林匹克公园地区的区域地图。设计者选取了胡安·米罗的两幅作品《星座密码爱上了一个女人》和《一天的诞生》作为艺术表达的灵感来源，这两幅作品

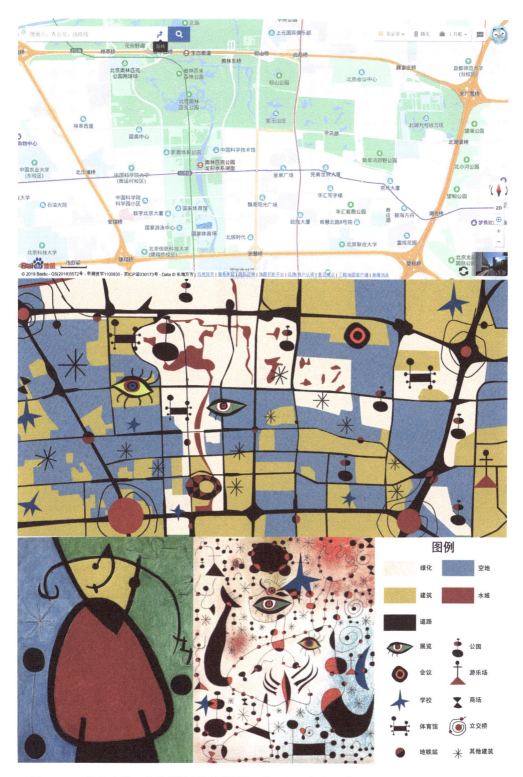

图 5 – 15　北京奥林匹克公园地区区域地图，作品汲取胡安·米罗两幅作品的艺术表达灵感

都是胡安·米罗超现实主义绘画的代表作。学生从中提取了画作的一些元素和颜色，融入区域地图的信息表达中。在《一天的诞生》中选取了蓝色、黄色、红色、黑色作为地图绘制主要的颜色，分别作为空地、建筑、水域、道路的颜色，并运用黑色划分区域的方式来进行绘制。从《星座密码爱上了一个女人》中提取了米色作为绿化区域的颜色，同时绘制了一些比较有代表性的图标作为地标性建筑的标志，如眼睛图标代表展览，螺旋纹代表立交桥。

[区域地图2] 北京西直门立交桥地区区域地图

设计者：王瑞萍　王晓艺

图5-16绘制的是北京西直门立交桥地区的区域地图，设计艺术参考图选自日本浮世绘画家歌川国芳的作品《龙宫玉取姬》。歌川国芳生动地描绘出富有个性的典型人物肖像，以玉取姬和章鱼为主体，以海浪为背景展现搏斗的情景，颜色以红蓝色调为主，对比强烈。学生设计的区域地图借助单线、色彩渐变的表现形式，将西直门立交桥复杂的情况用章鱼作为象征形象，隐喻其复杂性和四通八达的路况。

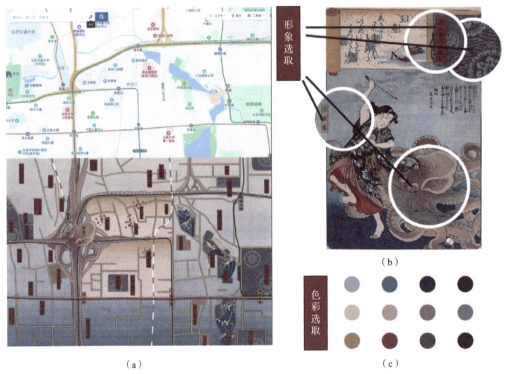

（a）　　　　　　　　　　　　　　　　　　　（c）

图5-16　北京西直门立交桥地区的区域地图及形象选取、色彩选取

（a）区域地图作品完成图；（b）作品选取了日本浮世绘画家歌川国芳作品的形象；（c）作品以红蓝色调为主，对比强烈

[区域地图3] 蒙古国乌兰巴托市小圈路地区地图

设计者：米希尔

蒙古国留学生米希尔为故乡蒙古国乌兰巴托市小圈路地区绘制了区域地图。蒙古乌兰巴托城市的中心从上空看起来像蒙古包的形态。小圈路地区是城市的文化艺术中心，是文艺演出的主要场所。学生尝试运用达达主义等拼贴的艺术风格进行作品的最后视觉呈现。区域地图中的图标采用艺术的拼贴形象代表，整个作品体现出小圈路地区的艺术风格特征（图5-17～图5-21）。

图 5 – 17　乌兰巴托市小圈路地区地图

图 5 – 18　乌兰巴托市小圈路地区建筑分布
色彩尝试

图 5 – 19　乌兰巴托市小圈路地区
区域地图图标设计

图 5 – 20　乌兰巴托市小圈路地区
区域地图拼贴风格

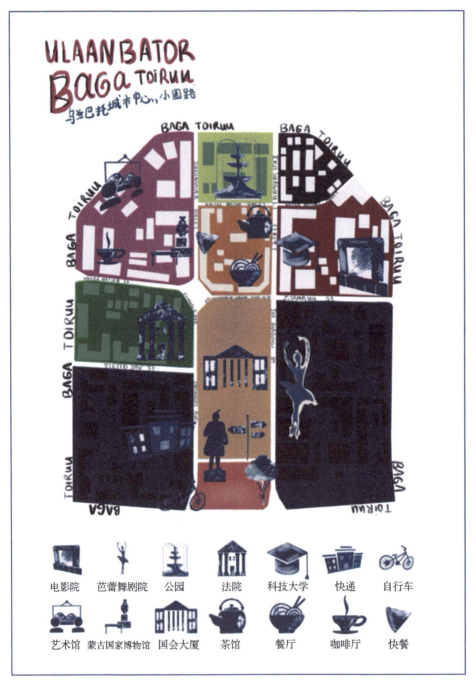

图 5 – 21　乌兰巴托市小圈路地区区域地图最终成品

（三）事件地图信息练习

在此项目练习中，要求学生选取一项以地区为关键因素的事件展开调研，梳理地图上发生的关键事件和时间线之间的关系，整理思维导图脉络后进行真实性和准确性的视觉信息可视化设计。

[事件地图1]　诺曼底登陆战役

设计者：柯一诺

作品为梳理第二次世界大战中著名的诺曼底登陆战役，完成信息可视化图表设计，在地图中以战斗双方军力布置的位置进行重点展示。学生调研有关诺曼底登陆事件前后所有信息，整理出详细的思维导图。从中选择自己表达的重点信息。图5-22是以战役时间线梳理的思维导图，图5-23是以海滩地理位置为重点梳理的思维导图，（图5-24）为完成作品图。

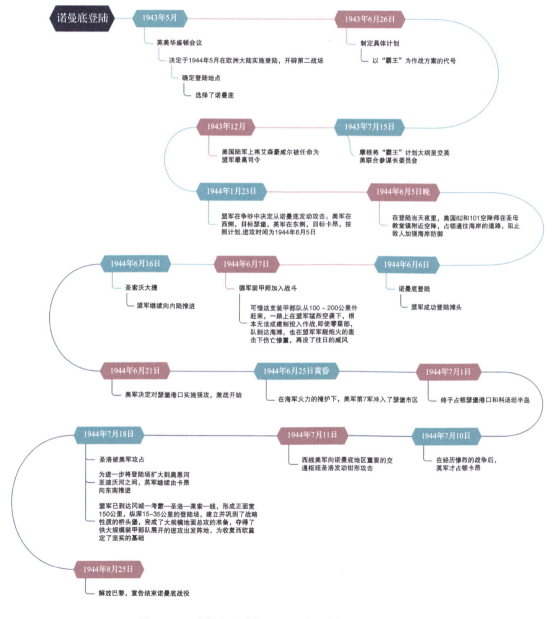

图5-22　诺曼底登陆战役，以时间线梳理的思维导图

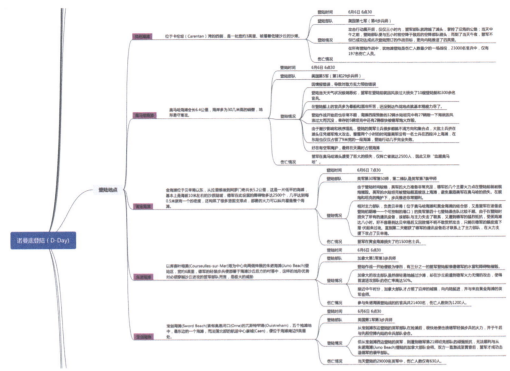

图5-23 诺曼底登陆战役，双方以海滩地理位置为重点梳理的思维导图

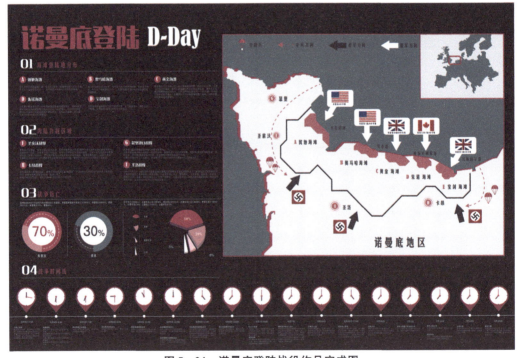

图5-24 诺曼底登陆战役作品完成图

[事件地图2] 影片《闪灵》

设计者：许一帆

学生对美国恐怖影片《闪灵》进行的地图可视化设计。该片的故事在一个固定的地点酒店展开，所有的剧情和经典场面都在酒店的特定房间和场所发生，因此学生选择以酒店的地图形式进行视觉表达。图 5－25 是学生整理的影片《闪灵》的剧情思维导图。图 5－26 是作品完成图。学生用类似建筑施工图的表现手法，用色彩填充区域，在关键场景用标志性的地毯底纹图示呼应剧情，用影片中经典场景图像置入关键地理位置，如双胞胎女孩场景。

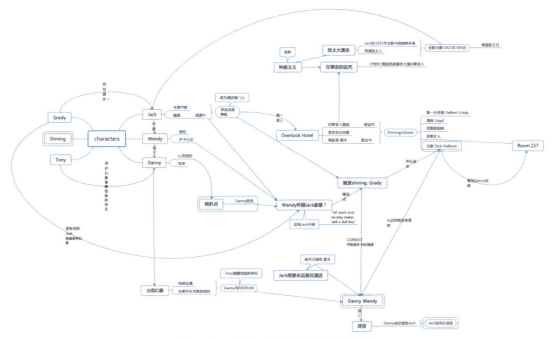

图 5－25　影片《闪灵》剧情思维导图

图 5－26　影片《闪灵》作品完成图

[事件地图3] 影片《前目的地》

设计者：苏珊

学生选择了悬疑影片《前目的地》进行信息化视觉设计。该影片剧情如同"莫比乌斯环"，周而复始地延续着主人公的命运，情节紧张，充满悬念。学生没有选择剧情作为主要表达方式，而是选择事件发生所在地与建筑物为表达的突破口，尝试用另一种方式进行梳理。图5-27是影片《前目的地》剧情、时间、人物等的思维导图梳理。图5-28为完成作品，作者用2.5D的视觉表达方式展现如迷宫般的剧情，用数字符号表达人物和剧情出现的位置和时间顺序。

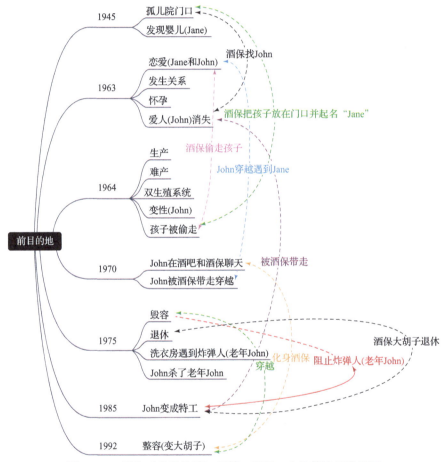

图5-27 影片《前目的地》剧情、时间、人物等的思维导图

三、整合信息设计

前面两个阶段的练习主要训练学生具有以下信息可视化设计的能力：

（1）调研能力，分析能力。

（2）思维导图整理能力。

（3）准确图示表达能力。

（4）尝试艺术风格进行信息处理与多样表达的能力。

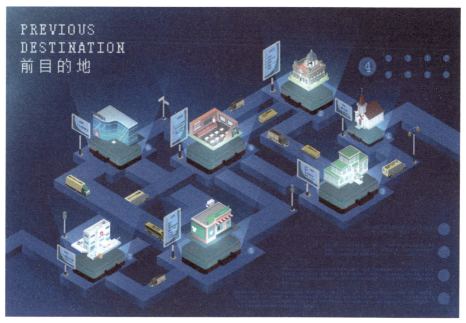

图5-28　影片《前目的地》完成作品

本节的整合信息设计项目由三部分组成：单一项目或事物信息图；推理逻辑信息图；整合复杂信息设计图。综合训练学生具备以下能力：

（1）图表的合理选择和科学运用。

（2）数据信息的视觉表达。

（3）复杂图表、图片与文字的整体版面设计。

整合信息设计的课题项目也是由易到难循序渐进的，数据和信息量的比重越来越大，需要学生具有理性的数据整理表达能力。

（一）单一项目或事物信息图

该项目要求学生选择一个主题事物，通过调研完善信息及思维导图，建立主题关键词与图像、颜色等的记忆链接，进行信息可视化的视觉图像图表的综合表达。

[主题项目/事物1]《血液循环系统》

设计者：余家瑄

血液循环系统是血液在体内流动的通道，分为心血管系统和淋巴系统两部分。淋巴系统是静脉系统的辅助系统。一般所说的循环系统指的是心血管系统。血液循环系统由血液、血管和心脏组成。如果分为两大部分，即血管和心脏。心血管系统是由心脏、血管、毛细血管及血液组成的一个封闭的运输系统，同时许多激素及其他物质也通过血液的运输到达其靶器官，以此协调整个机体的功能，因此，维持血液循环系统处于良好的工作状态，是机体得以生存的条件。图5-29为学生整理的血液循环系统结构思维导图。图5-30为成品完成图，学生用 AI 软件绘制人体的血液循环系统的精美插图作为信息图主图，两侧布局相关联的器官和系统信息。图5-31是细节图，对于各个器官和关键结构信息都绘制了相对应的插图符号。

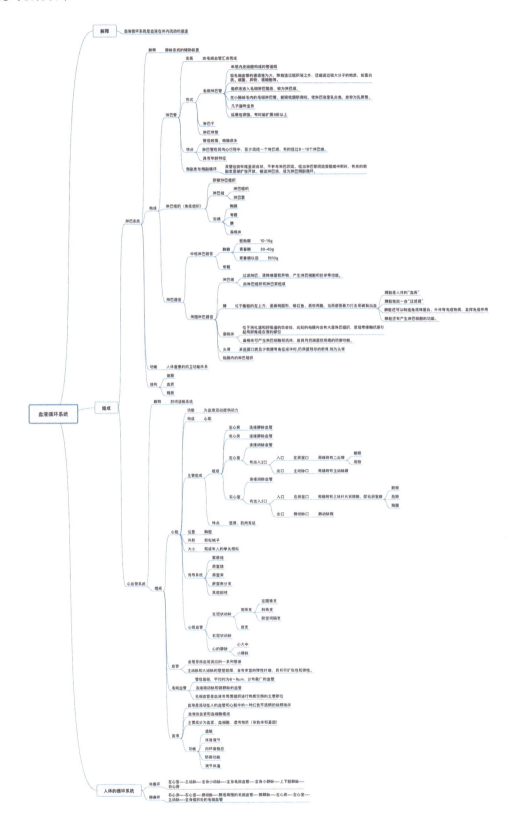

图 5 – 29 《血液循环系统》思维导图

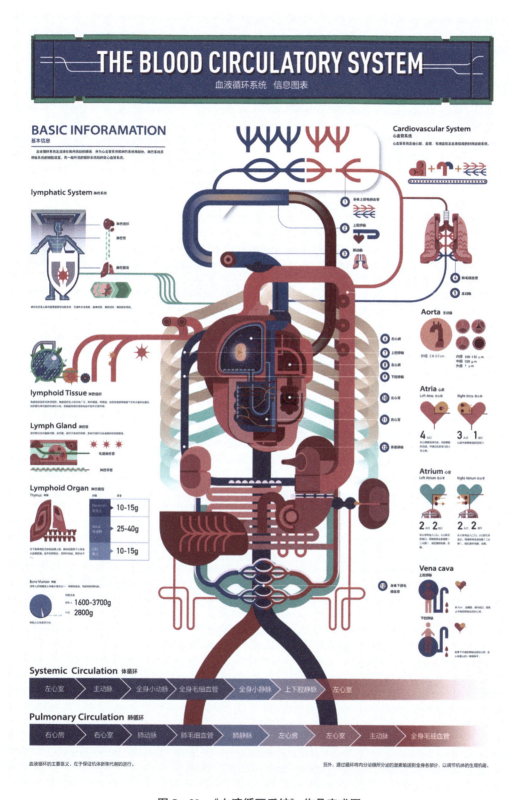

图 5－30　《血液循环系统》作品完成图

图 5 - 31　《血液循环系统》细节设计图

[主题项目/事物 2]《垃圾分类》

设计者：卢辉玥

垃圾分类一般是指按一定规定或标准将垃圾分类储存、投放和搬运，从而转变成公共资源的一系列活动的总称。垃圾分类的目的是提高垃圾的资源价值和经济价值，减少垃圾处理量和处理设备的使用，降低处理成本，减少土地资源的消耗，具有社会、经济、生态等多方面的效益。该学生用两种艺术手法进行垃圾分类的信息化设计表达。图 5 - 32 为相对传统的插图化表达，对于物品绘制采用扁平化的风格。图 5 - 33 采用 2.5D 的方式绘制物品，风格更现代，画面更加有趣。

[主题项目/事物 3]《扑克》

设计者：杨添翼

扑克指纸牌，扑克游戏指以用纸牌来玩的游戏。一副扑克牌共有 54 张牌，其中 52 张是正牌，另两张是副牌（大王和小王）。图 5 - 34 为西方的扑克牌的信息可视化图表设计。分别展示了牌的组成、牌面画面信息、基本玩法、区域分布等信息，图形和色彩的设计符合代表性牌类游戏的视觉符号化特征。

[主题项目/事物 4]《朱耷》

设计者：赵世超

朱耷是明末清初画家，中国画一代宗师，其花鸟以水墨写意为主，形象夸张奇特，笔墨凝练沉毅，风格雄奇隽永。朱耷 60 岁时开始用"八大山人"署名题诗作画，他在署款时，常把"八大山人"四字连缀起来，仿佛"哭之""笑之"，以寄托他哭笑皆非的痛苦心情。该学生梳理了朱耷一生的经历与绘画、书法、落款风格等信息进行视觉表达。图 5 - 35 为成品图。在图 5 - 36 所示的信息设计细节图中，学生还对朱耷的人生时间线上的创作变化进行了更深入的研究，用色变化、绘画细节转变等都一一展现出来了。

[主题项目/事物 5]《伞》

设计者：赵兆

伞是一种能够提供阴凉环境或遮蔽雨、雪、阳光等的生活用品。伞与人们的生活息息相关。中国是世界上最早发明雨伞的国家，伞是中国劳动人民一个重要的创造。受中国文化影响，亚洲许多国家很早就有使用伞的传统，而欧洲至 16 世纪才开始风靡中国伞。该学生对伞的发明等信息进行调研，在信息设计图表中表现伞的分类、构造折数和在世界各地的传播。图 5 - 37 的信息量虽然不是很复杂庞大，但学生用中国黑白木刻古朴的艺术形式加以表现，增加了信息图表的艺术表达特质。

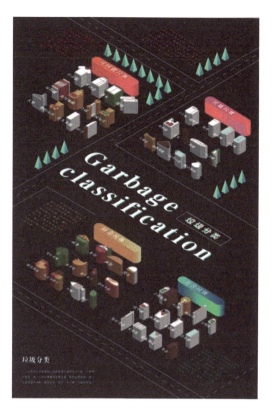

图 5 – 32　扁平化风格的《垃圾分类》　　　图 5 – 33　采用 2.5D 方式绘制的《垃圾分类》

图 5 – 34　《扑克》信息可视化图表设计

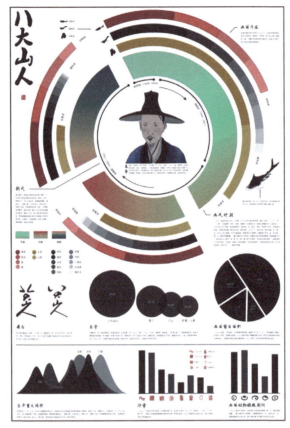

图5－35 《朱耷》作品完成图

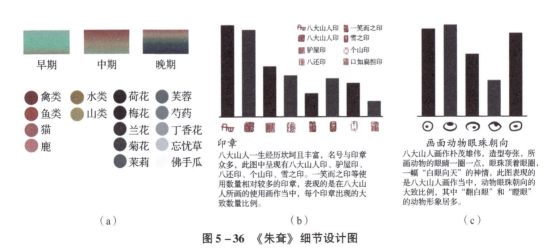

（a）用色变化；（b）印章使用比例；（c）画面动物眼珠朝向

印章

八大山人一生经历坎坷且丰富，名号与印章众多，此图中呈现有八大山人印、驴屋印、八还印、个山印、雪之印。一笑而之印等使用数量相对较多的印章，表现的是在八大山人所画的使用画作当中，每个印章出现的大致数量比例。

画面动物眼珠朝向

八大山人画作朴茂雄伟，造型夸张，所画动物的眼睛一圈一点，眼珠顶着眼圈，一幅"白眼向天"的神情，此图表现的是八大山人画作中，动物眼珠朝向的大致比例，其中"翻白眼"和"瞪眼"的动物形象居多。

图5－36 《朱耷》细节设计图

图 5 - 37　《伞》作品完成图

[主题项目/事物 6]《漫威宇宙》

设计者：陈婉馨

漫威电影宇宙是由漫威影业基于漫威漫画角色制作的一系列电影组成的架空世界和共同世界。电视剧系列进一步扩充了漫威电影宇宙。随着多部英雄电影和电视剧的上映，漫威宇宙已经成为一个著名的 IP 产业，英雄人物众多。该学生设计作品的视觉展示主要是围绕《漫威宇宙》中英雄人物的信息展开，在图 5 - 38 中梳理了各个英雄之间的关系和他们组成的"复仇者联盟"的信息，学生还绘制了《漫威宇宙》中"复仇者联盟"关系最多的人物Q 版形象（图 5 - 39），增加了信息图的趣味性。

[主题项目/事物 7]《中国林业》

设计者：郑志远　李韦卓

林业是生态文明建设的主体，林业系统的建立和管理对林业的发展具有重要的作用。从我国森林的地域分布看，我国森林资源多集中在东北部和西南部，其他的地区森林资源较少。

学生该设计的前期调研，主要通过研读政府报告理解相关政策，统计我国林业的发展状况，总结林业三大效益——生态效益、社会效益和经济效益。三大效益是统一的，是相互联系和相互渗透的。调研后学生用扁平化的插图风格绘制林业三大效益的信息图，将自然、人类和城市建设三大主题图融合到森林中，体现了人、社会与林业和谐共处的主题（图 5 - 40）。

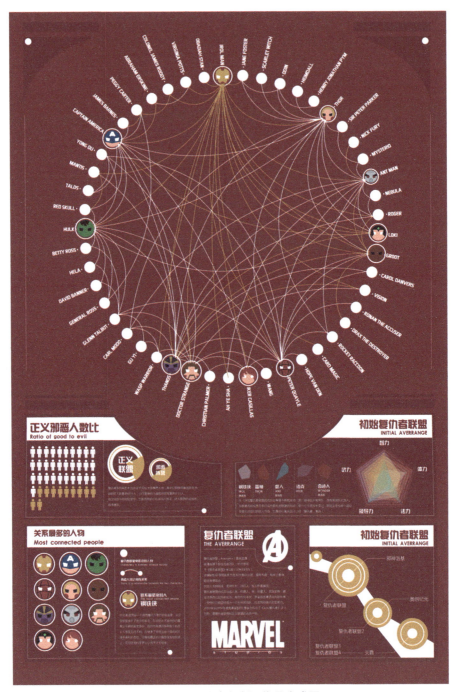

图 5-38 《漫威宇宙》作品完成图

图 5 – 39　《漫威宇宙》细节设计图

图 5 – 40　《中国林业》作品完成图

（a）林业的生态效益；（b）林业的经济效益；（c）林业的社会效益

[主题项目/事物8]《2000—2019年重大空难史》
设计者：杨子墨

空难指飞行器在飞行中发生故障、遭遇自然灾害或其他意外事故所造成的灾难，是由于不可抗拒的原因或人为因素造成的事故，并由此带来灾难性的人员伤亡和财产损失。该学生确定选题后，进行调研和数据的收集整理统计（图5-41），并按照事故年份、事故地点、航空公司、事故机型、事故原因进行梳理。分析整理后的信息进行数据图表的视觉化（图5-42），选择合适的图表类型进行数据的表达。根据整体版面设计进行色彩统筹，从配色到图表进行细节设计（图5-43）。

图5-41 《2000—2019年重大空难史》调研和数据统计图

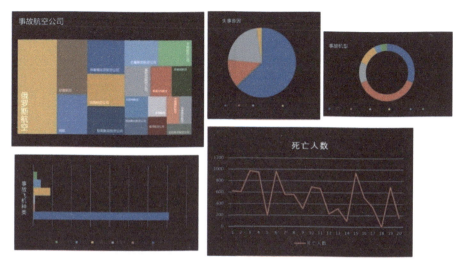

图 5 – 42　《2000—2019 年重大空难史》数据图表的视觉化设计

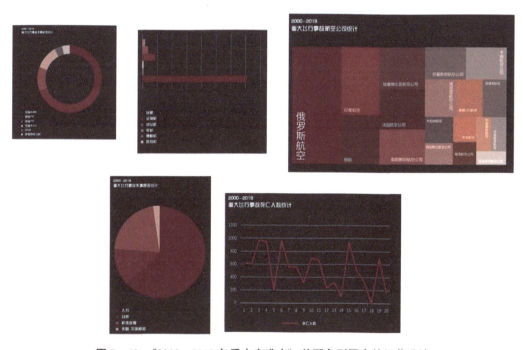

图 5 – 43　《2000—2019 年重大空难史》从配色到图表的细节设计

　　图 5 – 44 为整体版式设计过程，根据视觉流程和信息主次进行了整体布局的调整，用软件绘制主题图形和细节图形，并进行数据符号、图标、标题字体和文案字体细节设计。

　　图 5 – 45 为作品完成图，以突出飞机结构组件插图为主、图表文字说明为辅的版式构成，用英文字母排序指引视觉阅读顺序。

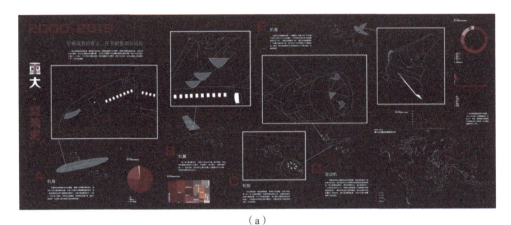

（a）

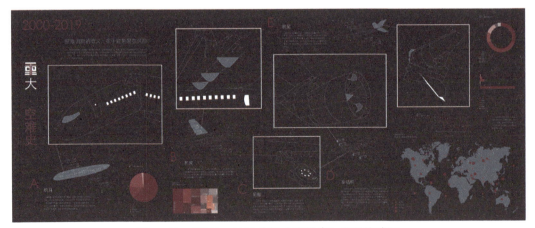

（b）

图5-44 《2000—2019年重大空难史》整体版式设计过程

（a）版式一；（b）版式二

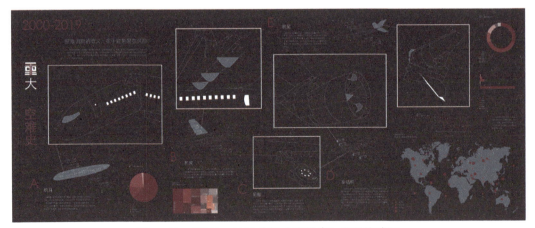

图5-45 《2000—2019年重大空难史》作品完成图

（二）推理逻辑信息——从电影或大事件中挖掘线索

该项目的训练要求在信息中加入时间、因果逻辑关系。选择并调研时间、因果逻辑关系等完整信息，理清因果逻辑关系。强调数据信息的数量和复杂性，要求学生在理性梳理的基础上，分析关键时间点或事件点，分析信息，在 When（时间）与 how（发生了什么）之间表达关系。

[推理逻辑项目 1] 电影《恐怖游轮》信息图

设计者：陈婉馨

《恐怖游轮》是 2009 年上映的一部悬疑影片，由英国和澳大利亚合拍。该片讲述单身母亲杰西和一群朋友乘坐游艇出海游玩遇到风暴，登上一艘路过的游轮后，却发现这艘 1930 年失踪的神秘游轮里空无一人，随之而来的连环凶杀让杰西等人陷入恐怖之中。该片逻辑关系复杂，信息量大且相互关联。该学生设计了两张信息可视化图展现电影复杂的逻辑关系、人物关系等信息。图 5–46 是用三角金字塔形配合影片的剧名，从立体层叠关系表现一层一层的循环关系。图 5–47 是表现该影片关键隐喻作用的图形信息——海鸥、项链、雨衣、斧子等。

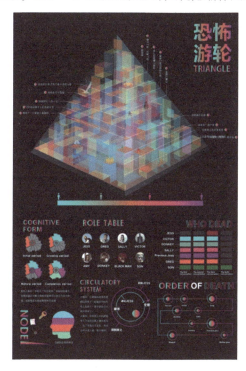

图 5–46　影片《恐怖游轮》信息图作品
完成图之一

图 5–47　影片《恐怖游轮》信息图作品
完成图之二

[推理逻辑项目 2] 电影《盗梦空间》信息图

设计者：吴高歌

影片《盗梦空间》是由克里斯托弗·诺兰执导，莱昂纳多·迪卡普里奥、玛丽昂·歌迪亚等主演的电影。影片剧情游走于梦境与现实之间，被定义为"发生在意识结构内的当代动作科幻片"。影片讲述主人公进入他人梦境，从他人的潜意识中盗取机密，并重塑他人梦境的故事。设计者选取影片中主人公梦境和现实的关键物件"陀螺"作为视觉主图形化展现电影情节，在图形分层中表达剧情的几个梦境层次（图 5–48），主色调配合梦境的主题设计，呈半透明的紫色。更为确切的剧情关系图放置在图 5–48 下方。设计者为剧中人物设计了图标，和图层情节一一对应（图 5–49）。

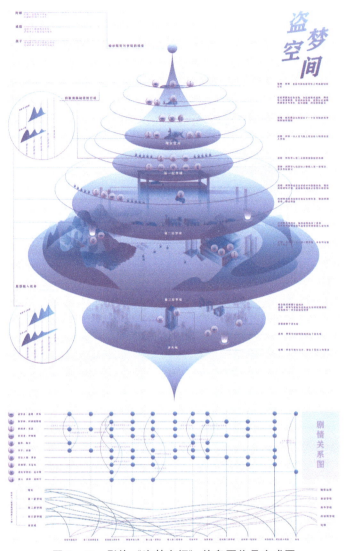

图 5 - 48　影片《盗梦空间》信息图作品完成图

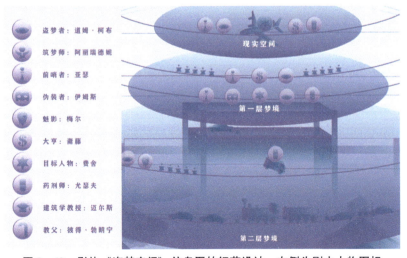

图 5 - 49　影片《盗梦空间》信息图的细节设计，左侧为剧中人物图标

[推理逻辑项目3]　切尔诺贝利核事故信息图
设计者：高梓明

　　切尔诺贝利核事故是一起发生在苏联统治下乌克兰境内切尔诺贝利核电站的核子反应堆事故。该事故被认为是世界历史上最严重的核电事故。1986年4月26日凌晨1点23分，乌克兰普里皮亚季邻近的切尔诺贝利核电厂的第四号反应堆发生了爆炸。连续的爆炸引发了大火并散发出大量高能辐射物质到大气层中，这些辐射尘覆盖了大面积区域。这次灾难所释放出的辐射线剂量是二战时期爆炸于广岛原子弹的400倍以上。设计者按照时间线的方式表达这一天核事件发生的经过。按照左右两条时间线展示，左侧展示内部爆炸线，右侧展示外部的救援线。位于主图上方是发生爆炸的第四号反应堆（图5-50）。

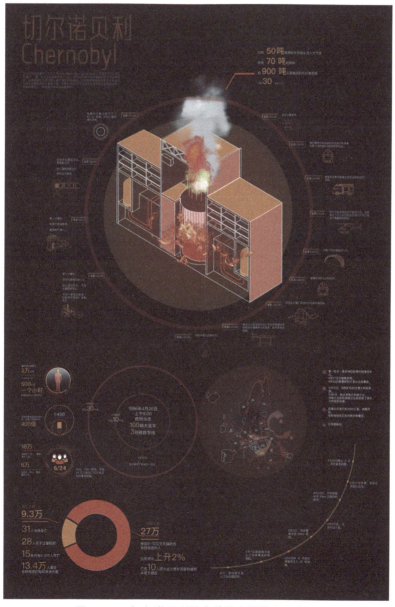

图5-50　切尔诺贝利核事故信息图作品完成图

[推理逻辑项目4] 电影《罗拉快跑》信息图

设计者：穆思佳

《罗拉快跑》是由汤姆·提克威导演、编剧，由弗兰卡·波坦特、莫里兹·布雷多等主演的犯罪爱情影片。影片讲述了为了拯救男友而奔跑的罗拉要在20分钟内得到10万马克。影片于1998年在德国上映。该片导演并不屈从于好莱坞的经典叙述模式，而是采用了三段式的格局。假定性"命运"的不可预知的结局让人不断关注自身。影片"蝴蝶效应"的寓意隐晦的表达、混同电子音乐和罗拉狂奔的脚步，让人有一种释怀和爽快。设计者采用像素游戏的视觉风格来诠释剧情，信息展示除了用三段式的道路表达剧情，还设定人物数值属性，并且分析了剧情的节奏信息（图5-51）。整体画面具有游戏化倾向。

图5-51 影片《罗拉快跑》信息图作品完成图

［推理逻辑项目5］动画片《名侦探柯南》"东京电视台杀人事件"信息图
设计者：周文硕

日本电视动画片《名侦探柯南》改编自青山刚昌创作的同名漫画作品，主要讲述了因受神秘组织袭击而身体缩小的工藤新一化名江户川柯南，默默展开对各种犯罪案件推理的故事。设计者选取了《名侦探柯南》中"东京电视台杀人事件"这一复杂案例进行事件梳理和信息可视化表达。设计者绘制了精美的线形立体建筑内部插图。在展现建筑结构的同时，用不同颜色的虚线脚印表现受害人和嫌疑犯在建筑物中的行动轨迹（图5－52）。红黑色的配色使画面视觉重点醒目突出。

图5－52　《名侦探柯南》"东京电视台杀人事件"信息图作品完成图

（三）整合信息设计

整合信息设计项目要求学生从文化、经济、环境保护领域选取有意义的选题。其中数据信息侧重中国各行业的发展数据。在这一项目练习中，学生不仅要能整合梳理数据信息，而且要增加多种数据信息的对比关系，在数据信息对比中增加网络数据，设计调查问卷，利用信息可视化数据加工成为信息图。要求选题有意义，更多地关注人类自身的发展。从选题、构思到最后成品体现专业性，设计形式要进一步提升对视觉平面的把握。

[整合信息设计项目1]《春节联欢晚会相声节目36年发展史》

设计者：马宇昂　何佳虹

相声是一种民间说唱曲艺，它以说、学、逗、唱为形式，以逗笑愉悦听众为目的。相声艺术源于华北，流行于京津冀，普及于全国及海内外。中国相声有三大发源地：北京天桥、天津劝业场和南京夫子庙。相声分为北派与南派。相声主要采用口头方式表演，主要道具有折扇、手绢、醒木。表演形式有单口相声、对口相声、群口相声。相声是扎根于民间、源于生活、深受群众欢迎的曲艺表演艺术形式。央视春节联欢晚会上每年都有相声表演节目。该组学生通过调研36年春节联欢晚会信息，从侧面表达了相声作为传统艺术形式的变迁和兴衰。调研及信息整理分析如图5－53、图5－54所示，作品完成图如图5－55所示。图5－56为信息可视化延展设计，是学生将静态信息可视化图制作成立体装置作品，是信息可视化作品的多元化尝试。

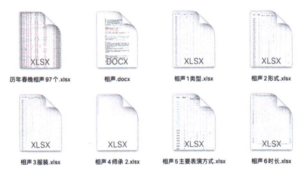

图5－53　《春节联欢晚会相声节目36年发展史》调研及信息整理分析之一
（设计者：马宇昂　何佳虹）

年份	作品	类型	形式	服装	演员	师承	流派	主要表演方式	时长	
1983	猜谜语	传统	对口	混搭	姜昆，马季	马季		一头沉	4:51	1983
1983	山村景象	歌颂	对口	西装	马季，赵炎	侯宝林，马季		一头沉	16:05	1983
1983	对口词	歌颂	对口	中山装	姜昆，李文华	马季，马三立		一头沉	27分9秒	1983
1983	礼节	娱乐	对口	西装	侯耀文，石富宽	赵佩茹，高凤山		一头沉	30分18秒	1983
1983	错走了这一步	讽刺	对口	工装	姜昆、李文华	马季，马三立		一头沉	16:32	1983
1984	宇宙牌香烟	讽刺	单口	工装	马季	侯宝林		不明	7:52	1984
1984	春联	娱乐	对口	西装	马季，赵炎	侯宝林，马季		子母哏	8:31	1984
1984	夸家乡	歌颂	对口	中山装	姜昆，李文华	马季，马三立		一头沉	12:33	1984
1985	大乐，特乐	传统	单口	大褂	马三立	周德山		不明	11:48	1985
1985	看电视	娱乐	对口	西装	姜昆，李金宝	马季		一头沉	6:48	1985
1986	照相	不明	对口	西装	姜昆，唐杰忠	马季，刘宝瑞		腿子活	10:27	1986
1986	虎年谈虎	娱乐	对口	西装	刘伟，冯巩	马季		子母哏	5:16	1986
1986	戏迷	传统	对口	大褂	侯耀文，石富宽	赵佩茹，高凤山		一头沉	8:27	1986
1986	怪声独唱	娱乐	对口	西装	笑林，李国胜	马季，罗荣寿		一头沉	7:56	1986
1987	虎口遐想	讽刺	对口	西装	姜昆，唐杰忠	马季，刘宝瑞		子母哏	16:11	1987
1987	五官争功	讽刺	群口	西装	马季、刘伟、冯巩、赵炎、王金宝	马季		不明	18:14	1987
1987	巧对影联	传统	对口	西装	刘伟，冯巩	马季		子母哏	9:31	1987
1987	学播音	娱乐	对口	西装	笑林，李国胜	马季，罗荣寿		一头沉	12:08	1987
1987	打岔	娱乐	对口	西装	侯耀文，石富宽	赵佩茹，高凤山		子母哏	6:30	1987
1988	求全责备	讽刺	群口	西装	刘伟，冯巩，李毅，戴志诚，牛振华，戴宝乐	马季，郑[illegible]伯祥，		不明	9:25	1988
1988	攀比	讽刺	对口	西装	笑林，李国胜	马季，罗荣寿		子母哏	8:24	1988
1988	电梯奇遇	讽刺	对口	西装	姜昆，唐杰忠	马季，刘宝瑞		一头沉	16:37	1988
1988	巧立名目	讽刺	对口	西装	牛群，李立山	马季，高元钧		腿子活	9:18	1988
1989	生日祝词	娱乐	对口	西装	牛群，冯巩	马季		子母哏	8:52	1989
1989	捕风捉影	讽刺	对口	西装	姜昆，唐杰忠	马季，刘宝瑞		一头沉	10:10	1989
1989	送别	娱乐	对口	西装	刘伟，马季	马季，侯宝林		一头沉	9:24	1989
1990	无所适从	讽刺	对口	西装	牛群，冯巩	马季		子母哏	4:49	1990
1990	三顾茅庐	讽刺	对口	西装	刘伟，刘惠	马季，姜昆		腿子活	9:30	1990
1991	训徒	传统	群口	大褂	马季，赵炎，史可达	侯宝林，马季		不明	11:18	1991
1991	亚运之最	总结性	对口	西装	牛群，冯巩	马季		子母哏	7:52	1991
1991	着急	讽刺	对口	西装	姜昆，唐杰忠	马季，刘宝瑞		一头沉	13:11	1991
1991	学唱歌	传统	对口	西装	姜昆，唐杰忠	马季，刘宝瑞		一头沉	12:00	1991
1992	宠物热	娱乐	对口	西装	李金斗，陈涌泉	赵振铎，谭伯如		一头沉	7:09	1992
1992	改门脸	讽刺	对口	西装	唐爱国，齐立强	姜昆		一头沉	6:32	1992
1992	论摔	讽刺	群口	西装	闫月明，王平，李建华	高英培，李伯祥		不明	8:14	1992
1992	小站联欢会	歌颂	对口	海军装	侯耀文，石富宽	赵佩茹，高凤山		腿子活	8:50	1992
1992	办晚会	讽刺	对口	西装	牛群，冯巩	马季		腿子活	8:49	1992
1992	美丽畅想曲	讽刺	对口	西装	姜昆，唐杰忠	马季，刘宝瑞		一头沉	8:41	1992
1993	拍卖	娱乐	对口	西装	牛群，冯巩	马季		腿子活	10:39	1993
1993	楼道曲	讽刺	对口	西装	姜昆，唐杰忠	马季，刘宝瑞		一头沉	10:54	1993
1993	侯大明白	讽刺	对口	西装	侯耀文，石富宽	赵佩茹，高凤山		一头沉	9:10	1993
1994	点子公司	讽刺	对口	西装	牛群，冯巩	马季		子母哏	11:16	1994
1994	跑题	讽刺	群口	戏装	李金斗，石富宽，闫月明，单联丽	赵佩茹，高凤山		不明	11:07	1994
1995	最差先生	讽刺	对口	西装	牛群、冯巩	马季		子母哏	11:11	1995

图5－54　《春节联欢晚会相声节目36年发展史》调研及信息整理分析之二

图 5 –55　《春节联欢晚会相声节目 36 年发展史》作品完成图

图 5 –56　《春节联欢晚会相声节目 36 年发展史》信息可视化延展设计

[整合信息设计项目 2]《中国脱贫攻坚之路》
设计者：卢辉玥

2020 年是打赢脱贫攻坚战、全面建成小康社会的最后一年，也是检验脱贫成果关键的一年。全面建成小康社会是中国共产党对中国人民的庄严承诺，是我们党制定的"两个一百年"奋斗目标的第一个目标。2015 年 11 月，中国共产党立下愚公移山之志，咬定目标，苦干实干，坚决打赢脱贫攻坚战，确保到 2020 年所有贫困地区和贫困人口一道迈入小康社会。该学生的设计选取这一重大主题，完成脱贫攻坚任务对中国和世界都具有重大的意义，不仅意味着我们解决了全面建成小康社会的底线任务和标志性指标，历史性地解决了困扰中华民族几千年的绝对贫困的问题，也兑现了党向人民向历史作出的庄严承诺，彰显了党领导下的我国社会主义制度的政治优势。打赢脱贫攻坚战不仅对我国意义深远，成果也惠及世界，提前10年实现了《联合国2030年可持续发展议程》的减贫目标，创造了人类反贫困史的中国奇迹，为全球治理贫困贡献了中国智慧和中国方案。图5-57为调研资料，图5-58为信息整理分析。成品完成图如图5-59、图5-60所示。图5-61为扶贫县信息数据细节图。

2019年度国务...室部门决算.pdf　　2017年度国务...室部门决算.pdf　　2016年度国务...室部门决算.pdf　　2018年度国务...室部门决算.pdf

2020年度国务...室部门决算.pdf　　国务院扶贫开...室部门决算.pdf　　其他来源.docx

图5-57 《中国脱贫攻坚之路》调研资料

2015—2020年间中国832个贫困县脱贫攻坚战信息一览表

一、2016年摘帽贫困县名单			贫困县介绍、政策、资金投入、实际情况等数据信息	
省份	数量	名单		
合计	28			
河 北	3	海兴县、南皮县	海兴县位于河北省东南，现辖4镇3乡两个农场，197个行政村，总人口22万人，农业人口18.2万人。1994年被列为国家级贫困县，2002年被重新确定为国家扶贫开发工作重点县。2017年，全县78个贫困村脱贫出列，10134名贫困群众稳定脱贫，贫困发生率由2016年初的6.8%下降到0.89%。2018年全县剩余6个贫困村脱贫出列，至此全县84个贫困村全部跳出贫困行列	南皮县位于沧州市中南部，辖6镇3乡、312个行政村，总人口36万人。2017年11月1日，南皮县正式退出贫困县。2018年全县共有建档立卡贫困户2365户5676人，剩余未脱贫困户649户1695人，贫困发生率下降到0.51%
江 西	2	井冈山市、吉安县	井冈山市隶属于江西省吉安市，位于江西省西南部，地处湘赣两省交界的罗霄山脉中段，古有"郴衡湘赣之交，千里罗霄之腰"之称。2015年，井冈山市整合各类资金2.8亿元，举全市之力深入开展"党员干部进村入户、精准扶贫大会战"活动，精准识别出贫困户4456户15008人，全市贫困人口减少7016人，下降幅度达46.75%，贫困户人均增收1500元以上，贫困发生率由13.5%降至7.15%	吉安县古称庐陵，地处江西省中部，县域面积2117平方公里，现辖13镇6乡、306个村委会、22个社区居委会，总人口50万人。2014年，吉安县建档立卡贫困人口1.7万户、5.5万人，贫困发生率达14.2%。到2015年脱贫贫困人口0.5万户、1.7万人，未脱贫贫困人口1.2万户3.8万人，贫困发生率达9.7%。一年的时间，贫困发生率下降了4.5%。2017年86个贫困村全部摘帽。2018年1402人实现脱贫，贫困人口减少到1301户3255人，贫困发生率下降到0.8%
河 南	2	兰考县、滑县	兰考县是焦裕禄精神的发祥地，地处豫东平原，辖16个乡镇、1个产业集聚区、1个商务中心区，451个行政村，总人口83万，总面积1116平方公里。是省直管县体制改革试点县、国家级扶贫开发工作重点县。2018年打好稳定脱贫奔小康新战役	滑县位于豫北平原，与濮阳、延津、浚县、长垣、封丘、内黄接壤。全县面积1814平方公里，耕地面积195.21万亩。滑县县辖12镇10乡和新区管委会，总人口134.5万人，常住人口114.1万人。城镇化率达到22.02%。2011年被确定为国家扶贫开发工作重点县。2018年脱贫攻坚再战再捷，全年脱贫1357户、3874人，贫困发生率降到0.83%

图5-58 《中国脱贫攻坚之路》信息整理分析

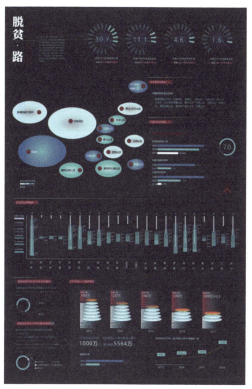

图 5 – 59　《中国脱贫攻坚之路》
作品完成图之一

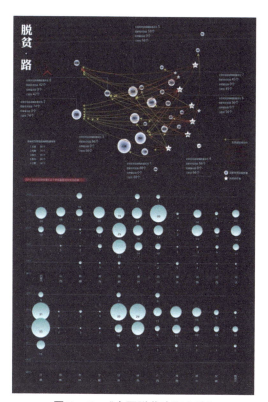

图 5 – 60　《中国脱贫攻坚之路》
作品完成图之二

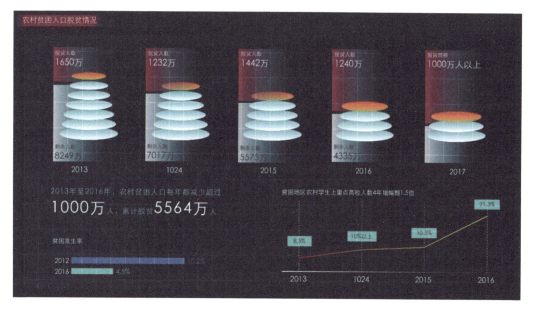

图 5 – 61　《中国脱贫攻坚之路》细节设计图

[整合信息设计项目3]《塑料污染》

设计者：林思辰

塑料污染也称"白色污染"，是对废塑料污染环境现象的一种形象称谓。塑料污染是指用聚苯乙烯、聚丙烯、聚氯乙烯等高分子化合物制成的包装袋、农用地膜、一次性餐具、塑料瓶等塑料制品使用弃置后成为固体废物，由于随意乱丢乱扔，难于降解处理，给生态环境和景观造成的污染。伴随人们生活节奏的加快，社会生活的便利化，一次性泡沫塑料饭盒、塑料袋、水杯等频繁地进入人们的日常生活。这些使用方便、价格低廉的包装材料给人们的生活带来了诸多便利，但这些包装材料在使用后往往被随手丢弃，造成"白色污染"，危害环境，成为极大的环境问题。塑料污染是当今全球环境保护设计的一个大主题。该学生选择这个项目进行深入挖掘，整理了世界塑料污染的数量，分项目板块对这一问题进行梳理，采用视觉数据对比的设计展示方式。设计者将主要的白色污染物图形化，通过对文字、图表、数字符号等进行版式设计，形成视觉冲击力强、数据对比强烈的系列化信息可视化作品。

图5-62为调研资料，图5-63为信息整理分析。图5-64～图5-68为作品完成图，图5-69为细节设计图。

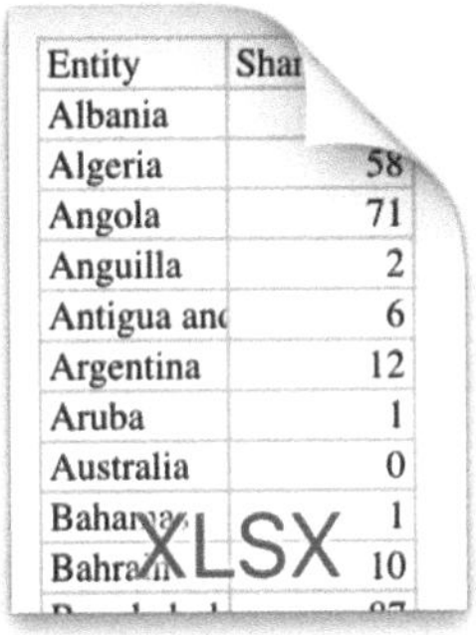

各国处理不当的塑料废物占塑料废物总量的比例（2010）.xlsx

各国分大区的管理不善占全球的总量比例（2010）.xlsx

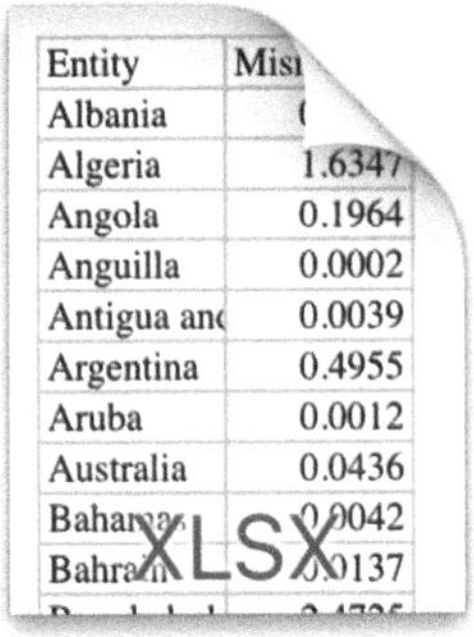

各国管理不善的量占全球总量的比例（2010）.xlsx

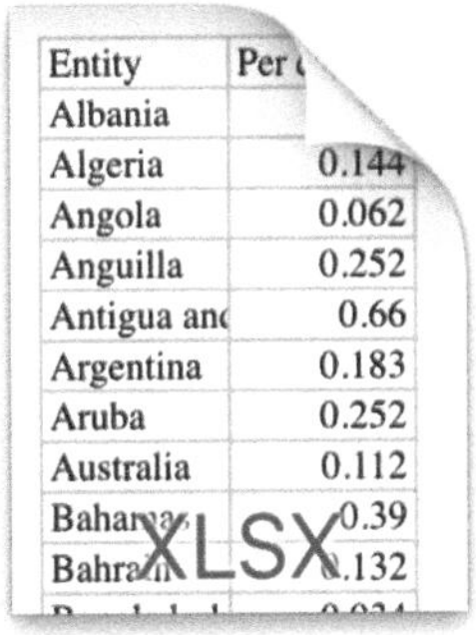

各国人均每天产生多少千克（2010）.xlsx

各国塑料废物总量万吨（2010）.xlsx

图5-62 《塑料污染》调研资料

实体塑料废物产生量（吨，总计）（吨/年）

阿尔巴尼亚73364
阿尔及利亚1898343
安哥拉528843
安提瓜和巴布达22804
阿根廷2753550
阿鲁巴9352
澳大利亚000658
巴哈马51364
巴林59785
孟加拉国1888170
巴巴多斯58164
比利时318151
伯利兹20191
贝宁144382
百慕大5990
波斯尼亚和黑塞哥维那195633
巴西11852055
英属维尔京群岛2504
文莱3688
保加利亚415707
柬埔寨344698
喀麦隆335305
加拿大1154309
佛得角11919
开曼群岛5106
海峡群岛14678
智利738106
中国59079741
哥伦比亚2413455
科摩罗50599
刚果110479
哥斯达黎加428029
科特迪瓦766988
克罗地亚406347
古巴368154
库拉索13678
塞浦路斯100713
刚果民主共和国1059795
丹麦95171
吉布提31999
多米尼克3885
多米尼加共和国520238

厄瓜多尔801321
埃及5464471
萨尔瓦多330763
赤道几内亚49990
厄立特里亚72120
爱沙尼亚85534
法罗群岛4466
斐济59324
芬兰458084
法国4557128
法属波利尼西亚24634
加蓬32329
冈比亚29646
乔治亚州97443
德国14476561
加纳357877
直布罗陀3053
希腊811858
格陵兰5234
格林纳达12417
关岛14666
危地马拉1495229
几内亚118196
几内亚比绍30666
圭亚那159681
海地328487
洪都拉斯565317
香港1020406
冰岛32620
印度4493080
印度尼西亚5045714
伊朗3919268
伊拉克1156524
爱尔兰715716
以色列826436
意大利2899254
牙买加34962
日本7993489
约旦377506
肯尼亚407506
基里巴斯3859
科威特750690

拉脱维亚94935
黎巴嫩148807
利比里亚121050
利比亚324250
立陶宛149227
澳门72126
马达加斯加123526
马来西亚2031675
马尔代夫43134
马耳他32377
马绍尔群岛3674
毛里塔尼亚59287
毛里求斯104971
墨西哥3725463
密克罗尼西亚（国家）3895
摩纳哥3412
黑山32557
摩洛哥863555
莫桑比克132612
缅甸1373018
纳米比亚114222
瑙鲁527
荷兰2571398
新喀里多尼亚22995
新西兰525630
尼加拉瓜299480
尼日利亚5961750
朝鲜484700
北马里亚纳群岛5006
挪威499682
阿曼93251
巴基斯坦6412210
帕劳1076
巴勒斯坦87636
巴拿马192818
巴布亚新几内亚267234
秘鲁1543879
菲律宾2565766
波兰1346905
葡萄牙1022683
波多黎各342306
卡塔尔103933

罗马尼亚310385
俄罗斯5839685
圣基茨和尼维斯12280
圣卢西亚32882
圣文森特和格林纳丁斯8818
萨摩亚7000
圣多美和普林西比6571
沙特阿拉伯1561618
塞内加尔485586
塞舌尔11730
塞拉利昂96655
新加坡359483
圣马丁岛（荷兰语部分）3263
斯洛文尼亚108421
所罗门群岛19842
索马里237569
南非4465798
韩国2025772
西班牙4709157
斯里兰卡2621606
苏丹1292740
苏里南31300
瑞典164305
叙利亚1365594
坦桑尼亚386998
泰国3532495
多哥135294
特立尼达和多巴哥1745123
突尼斯559235
土耳其5596657
特克斯和凯科斯群岛2851
图瓦卢554
阿拉伯联合酋长国600741
英国4925590
美国37825550
乌拉圭310379
瓦努阿图25443
委内瑞拉2669998
越南3268227
也门887497

图5-63　《塑料污染》信息整理分析

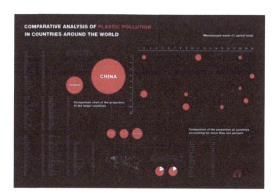

图5-64　《塑料污染》作品完成图之一

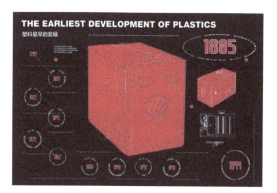

图5-65　《塑料污染》作品完成图之二

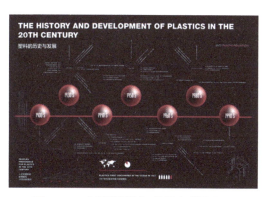

图5-66　《塑料污染》作品完成图之三

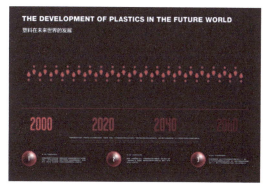

图5-67　《塑料污染》作品完成图之四

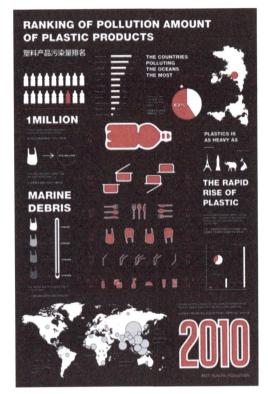

图 5-68 《塑料污染》作品完成图之五

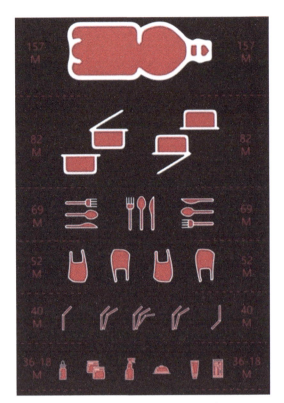

图 5-69 《塑料污染》细节设计图

[整合信息设计项目4]《忽视的噪声》

设计者：陈婉馨

噪声是指发声体做无规则振动时发出的声音。声音由物体的振动产生，以波的形式在一定的介质（如固体、液体、气体）中进行传播。通常所说的噪声污染是指人为造成的。从生理学观点来看，凡是干扰人们休息、学习和工作以及对你所要听的声音产生干扰的声音，即不需要的声音，统称为噪声。当噪声对人及周围环境造成不良影响时，就形成噪声污染。产业革命以来，各种机械设备的创造和使用，给人类带来了繁荣和进步，但同时也产生了越来越多而且越来越强的噪声。噪声不但会对听力造成损伤，还能诱发多种致癌、致命的疾病，也对人们的生活、工作有所干扰。

噪声污染按声源的机械特点可分为气体扰动产生的噪声、固体振动产生的噪声、液体撞击产生的噪声以及电磁作用产生的电磁噪声。噪声按声音的频率可分为低频、中频、高频噪声：<400 Hz 为低频噪声；400~1000 Hz 为中频噪声，>1000 Hz 为高频噪声。设计者的设计选取北京 3 个商业地区进行噪声测试，尝试梳理出噪声形成的种类，分析在人们生活中常常被忽视的噪声现象。设计者将实地测试采集噪声分贝数据逐一记录，获得一手信息，通过数据对比分析噪声与人的情绪的关系；通过平面数据可视化与交互数据的图表把噪声演变成信息可视化设计系列作品。图 5-70 为实地调研地图及信息整理分析，图 5-71、图 5-72 为作品完成图，图 5-73 为细节设计图。设计者尝试在交互设计中生成噪声的立体模型，如图 5-74 所示。

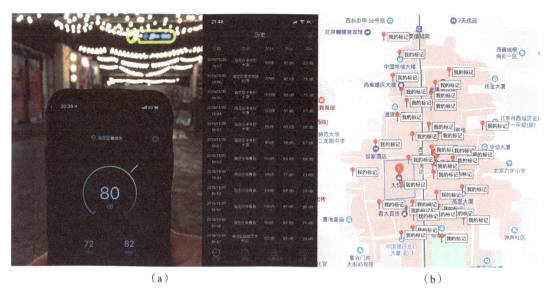

（a）　　　　　　　　　　　　　　　　　（b）

图 5 – 70　《忽视的噪声》实地调研地图及信息整理分析

（a）实地调研地图；（b）信息整理分析

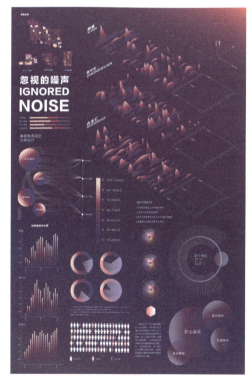

图 5 – 71　《忽视的噪声》作品完成图之一

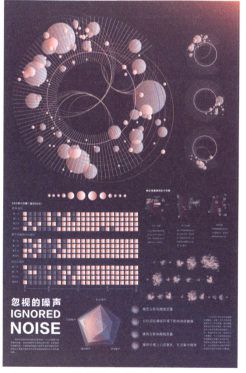

图 5 – 72　《忽视的噪声》作品完成图之二

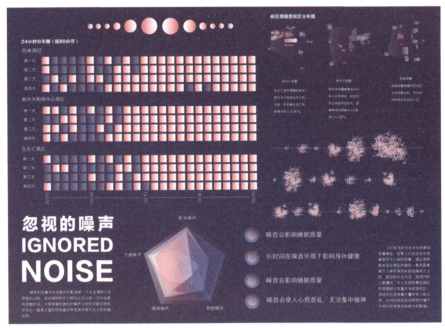

图 5-73 《忽视的噪声》细节设计

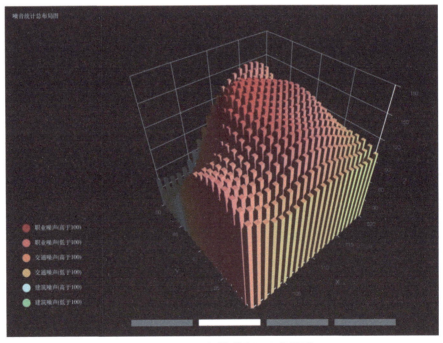

图 5-74 《忽视的噪声》立体模型

[整合信息设计项目 5] 《2009—2018 年中国旅游业概况》

设计者：刘畅

　　旅游业也称为旅游产业，是凭借旅游资源和设施，专门或者主要从事招徕、接待游客，为其提供交通、游览、住宿、餐饮、购物、文娱 6 个环节的综合性行业。旅游业务由三部分构成：旅游业、交通客运业和以饭店为代表的住宿业，这是旅游业的三大支柱。改革开放以来，我国旅游业经历了起步、成长、拓展和综合发展 4 个阶段，最终推动国内旅游、出境旅游、入境旅游的全面繁荣。我国实现了从旅游短缺型国家到旅游大国的历史性跨越，成为全球最大的国内旅游市场、全球第一大国际旅游消费国、全球第四大旅游目的地国家。从旅游人数来看，2013 年以来，我国旅游人数维持两位数增长速度，2017 年旅游人数首次突破 50 亿人次。2018 年上半年，旅游消费需求保持旺盛：国内旅游人数达 28 亿人次，比上年同期增长 11.4%；全年旅游人数达 55 亿人次，同比增长 10.8%。该学生根据设计选题研究分析了 2009—2018 年中国旅游业的发展数据，旅游业的发展从直观上体现中国经济的飞速发展，体现出人们生活水平的提高，不断追求精神和娱乐休闲的享受。该学生在设计制作上运用阿里云 DATA－V 软件系统的大屏幕信息可视化的一些组件，力求图表的直观与数据的清晰，图 5－75 为作品完成图。

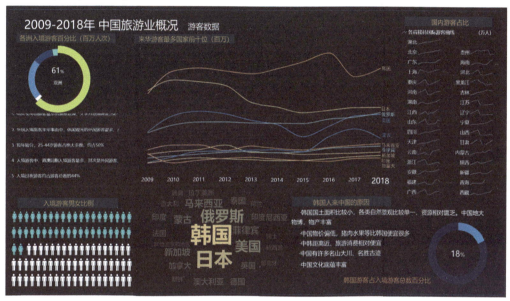

图 5－75　《2009—2018 年中国旅游业概况》作品完成图

[整合信息设计项目 6]《阿尔茨海默症——以中国河南为例》

设计者：吴高歌

阿尔茨海默症（AD）是一种起病隐匿的进行性发展的神经系统退行性疾病，临床以记忆障碍、失语、失用、失认、视空间技能损害、执行功能障碍以及人格和行为改变等全面性痴呆表现为特征，病因迄今未明。65 岁以前发病者，称早老性痴呆；65 岁以后发病者称老年性痴呆。中国有老年痴呆患者 500 万人，占世界总病例数的 1/4，而且每年平均有 30 万新发病例。中国老年痴呆症患病率已随着年龄的升高呈显著增长趋势：75 岁以上达 8.26%，80 岁以上高达 11.4%。数据显示，我国阿尔茨海默症患者人数已居世界第一。但是，很多人甚至是部分医师对于该疾病的认识仍存在大量误区，导致我国阿尔茨海默症就诊率和治疗率非常低。该学生的信息可视化设计选取这一病症进行科普信息分析，并以中国河南为例进行信息的对比分析，呼吁社会各界重视阿尔茨海默症。设计者通过梳理思维导图并分别调研文献获取了第一手信息资料。该学生还对身边的老人群体进行了问卷调查，信息数据和调研全面且有说服力。图 5－76 为调研及信息整理分析，图 5－77 为作品完成图，图 5－78 为细节设计图。

图 5–76 《阿尔茨海默症——以中国河南为例》调研及信息整理分析

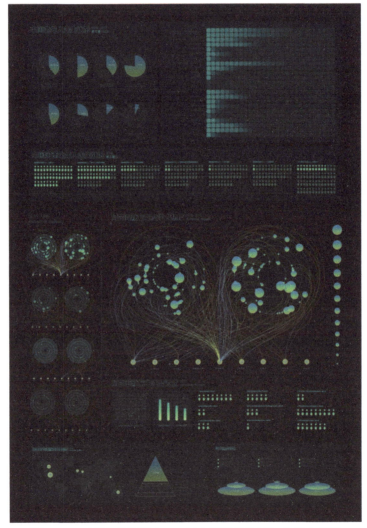

图 5–77 《阿尔茨海默症——以中国河南为例》作品完成图

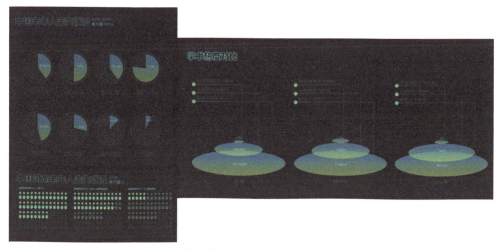

图 5 – 78　《阿尔茨海默症——以中国河南为例》细节设计图

[整合信息设计项目 7]《手机品牌消亡史》

设计者：赵世超

1991 年以来，各个手机品牌陆续进入中国市场。随着社会经济的不断发展、手机市场的不断竞争，以前一些熟知的手机品牌已渐渐退出了人们的视野，新的品牌在中国市场有着很好的发展并取得成功。该学生的设计项目调查了从 1991—2020 年以来各个手机品牌在中国市场的发展和兴衰，以及目前市场各个手机品牌所占的比例和手机机型的变迁。图 5 – 79 为作品完成图。

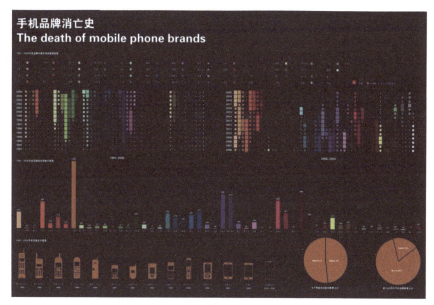

图 5 – 79　《手机品牌消亡史》作品完成图

[整合信息设计项目 8]《85 后、90 后手机使用情况调查》

设计者：周文硕

随着我国经济持续稳定的增长，我国移动通信市场快速增长，手机日益普及。设计者对

85 后、90 后年轻人使用的手机品牌、消费倾向及使用习惯、爱好进行了调查，收集 85 后、90 后用户使用手机数据，分析不同年龄用户对手机的依赖程度和依赖因素。图 5－80 为作品完成图。

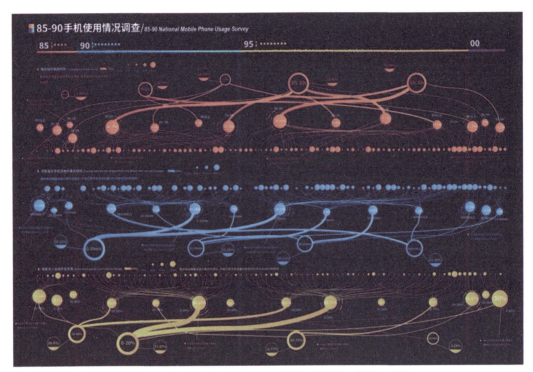

图 5－80　《85 后、90 后手机使用情况调查》作品完成图

第六章

中国 "十四五" 期间 "核心技术" 信息可视化设计

一、课程项目背景

2021 年，"强化国家战略科技力量" 是政府工作报告提出的提升科技创新能力的首要任务。《国家十四五规划纲要》从整合优化科技资源配置、加强原创性引领性科技攻关、持之以恒加强基础研究、建设重大科技创新平台 4 个方面作出部署，强化国家战略科技力量。

《国家十四五规划纲要》部署了 "十四五" 期间科技方向 4 个重要内容：强化国家战略科技力量，提升企业技术创新能力，激发人才创新活力，完善科技创新体制机制。2020 年政府工作报告部署了 2021 年科技创新的重点工作。两者都指向 2035 年 "关键核心技术实现重大突破，进入创新型国家前列" 的目标任务。科技创新被提升到了前所未有的地位，其中，在 "核心技术攻关" 中明确给出了攻关范围：人工智能、量子信息、集成电路、生命健康、基因工程、生物育种、空天科技、深底深海等前沿领域；新发突发传染病和生物安全风险防控、医药和医疗设备，关键元器件零部件和基础材料、油气勘探开发等领域关键核心技术。

本课程项目围绕中国 "十四五" 期间的 "核心技术" 进行信息可视化设计，建议课时 32 学时，建议专业为视觉传达设计方向和工业设计方向的研究生和本科生选修。项目要求从 "核心技术" 中取材，选择不少于一种关键技术，对其做科普信息可视化展示设计。调研内容可从网络取材，设计手法不限，输出完整视觉效果方案。以数据可视化的方式，结合生成设计，对某一领域的数据信息作可视化设计并以视频展厅的形式做纯线上的视频效果设计。

二、课程项目设计作品

[项目 1] 植物生物育种
作品名称：《Plant Breeding（植）》
设计者： 陈婉馨　张无为　陈嘉颖

在《国家十四五规划纲要》中，科技创新被提升到了前所未有的地位，其中，生物育种是需要进行攻关的科学核心技术之一。生物育种是利用遗传学、细胞生物学、现代生物工程技术等方法原理，培育生物新品种的过程。

在植物育种 4.0 的背景下，本作品以植物与植物繁殖为主题，设计交互网页，利用信息可视化手段对四大种类植物（种子植物、苔藓植物、蕨类植物、藻类植物）的结构特征、植物350亿年的进化史进行介绍；利用Processing编程的生成语言辅以交互体验，对目前最新的基于遗传操作的生物育种进行科普和风格化表达。该作品可应用于生物育种科普网站、植物园导览设施、互动屏幕，以一种更直接、更生动风趣的方式让用户了解植物的相关知识、基因对植物外形的作用、基于基因编辑的植物育种方式。项目主视觉形象如图6-1所示，标志设计如图6-2所示。

图6-1　植物生物育种项目主视觉形象

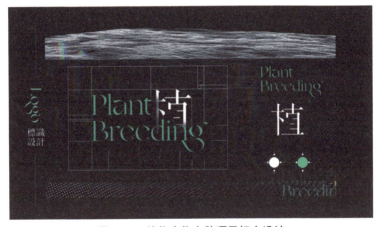

图6-2　植物生物育种项目标志设计

中国生物育种与国外先进水平相比仍存在一定的差距。在粮食、油料作物上，中国的育种技术还是很不错的，但在园艺作物上，国内的育种除了个别项目之外，其他仍然有着十分大的差距。从科研角度上讲，植物育种是一项长期且艰巨的工作，育种科研主要集中在高校和研究机构，育种公司较少。为了让更多人了解相关知识，激发民众对植物育种的兴趣，为这项核心技术培育潜在后备人才，学生设计了Plant Breeding（植）——一个以植物与植物繁殖为主题的科普信息可视化的交互网站。Plant Breeding（植）网页分为首页和3个单元。3个单元为植物种类和科普单元、进化史单元、繁殖过程单元。3个单元通过首页链接，通过首页的控件点击进入各个单元的体验部分。配色方案采用了神秘、具有探索意味的黑白色加上代表植物的绿色进行组合，插图采用了写实手绘的风格元素对植物种类、细胞结构进行展现，利用点的疏密来形成层次和细节，在精细的刻画过程中不破坏整体的简洁印象。图6-3为项目网页模型框架，图6-4为插图风格。

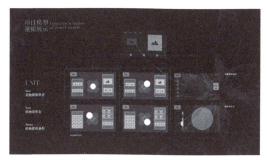

图6-3 植物生物育种项目网页模型框架

图6-4 植物生物育种项目插图风格

（1）首页设计。首页设计要给体验者留下植物学初印象。在首页的静态布局设计上，将logo主图形作为整个页面的视觉中心，页面下方设置了3个icon点击，当鼠标碰触到图标时会弹出相应页面的内容简介，点击便可跳转至3个不同单元。主视觉图案与植物种类相关联，植物按种类分为种子植物、蕨类植物、苔藓植物和藻类植物四大类，将每一类植物的特征进行提取，融合成了主视觉图案。logo的元素由代表植物繁殖的plant breeding和代表本项目主题的字体设计"植"组成。logo的配色沿用了网站整体的配色方案。图6-5为首页设计图，图6-6为四大类植物插图。

图6-5 植物生物育种项目首页设计

（2）单元一。单元一是植物种类科普页。植物种类科普页对植物的分类、结构特征进行介绍。页面以主视觉图案为中心，在每种类型植物上分别设置了按钮，通过点击按钮显示对应植物种类的知识。4种植物4个页面，通过主视觉图形透明度的变化来提示所显示的植物的种类。这一阶段的可视化设计集中在对植物结构的分析、植物的五带分布、植物的细化分类等，文字配合插图，使版面更加丰富，也便于体验者理解。单元一植物种类科普页设计如图6-7~图6-10所示。

图6-6 植物生物育种四大类植物插图

图6-7 植物生物育种单元一——植物种类科普页设计1

图6-8 植物生物育种单元一——植物种类科普页设计2

图 6 - 9 植物生物育种单元一——植物种类科普页设计 3

图 6 - 10 植物生物育种单元一——植物种类科普页设计 4

（3）单元二。单元二是植物进化史页面。单元二对 350 亿年的植物进化史进行科普，主页面左侧的图像利用动画来表示植物种类变迁时代的节点，右侧是植物种类随时空变迁的变化，用户通过进度条滑动，可控制显示植物进化的演进过程。植物的进化共经历了 4 个时代：菌藻植物时代、蕨类植物时代、种子植物时代和被子植物时代。从 35 亿年前开始到 4 亿年前，近 30 亿年的时间，地球上的植物仅为原始的低等的菌类和藻类。从 4 亿年前由一些绿藻演化出原始陆生维管植物，植物开始向陆地迈进，后历时约 1.4 亿年。许多蕨类植物由于不适应当时环境的变化相继绝灭。陆生植被的主体则由裸子植物所取代。被子植物是从白垩纪迅速发展起来的植物类群，并取代了裸子植物的优势地位。植物进化史页面对不同种类植物的出现过程进行视觉化设计，右上方的抽象圆点图形表示植物类型，中间的斜线将整体一分为二，上部分代表陆地，下部分代表海洋，中间的圆圈层代表时间，由内向外时间逐步变化，由最内层的 35 亿年前到最外层的 1 亿年前。图 6 - 11 为单元二植物进化史页设计。

（4）单元三。单元三是植物繁殖过程页面。植物繁殖过程页面展示植物育种 4.0 时期基于遗传操作的植物育种的关键。植物繁殖是一个非常复杂的过程，需要相对较高的专业知识，所以对于初接该领域的体验者来说，它是抽象的也是很难理解的。该页面为了直观地体现植物育种中基因与植物形态构成的关系，将基因与植物形态结合，用字母代表基因，用图案代表植物形态，表达不同基因决定了植物组成部分的不同形态。为了提升交互体验，在页面左侧设置基因按钮，用户通过点击切换字母大小写，生成不同的植物形态，通过不同的基因字母生成不同图案。根据用户的选择，代表基因的字母从各自的按钮中显现出来，形成不同的植物形态。如：A 代表花瓣数量，B 代表花瓣形状，C 代表花蕊形态，D 代表根茎的弯直，E 代表叶子的形态，等等，不同的字母组合所生成的图案是完全不同的。植物图案形成后，点击页面的任意位置即可进入下一个阶段产生新的动态画面，代表该植物的基因会汇成一束转换为埋入地面的种子，逐步发芽生长。生长的植物形态与用户选择的基因相关。图 6 - 12 为交互设想方案，图 6 - 13、图 6 - 14 为交互生成设计。

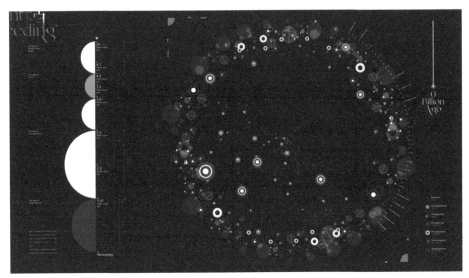

图 6 - 11　植物生物育种单元二——植物进化史页设计

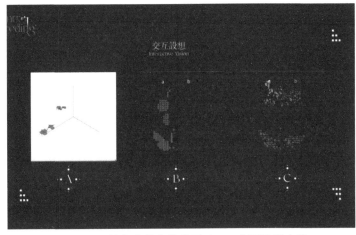

图 6 - 12　植物生物育种单元三——交互设想方案

图 6 – 13 植物生物育种单元三——交互生成设计 1

图 6 – 14 植物生物育种单元三——交互生成设计 2

项目设计制作说明

静态图像：在 Procreate 及 Ai 中绘制主视觉、信息视觉化以及其他插画元素，包括网页风格、版面设计。

视频图像：用 FCP 和 Ae 剪辑并制作。

动态图像：用 OpenProcessing 官网实例，进行代码修改以及自主编写完成动态图像。

交互设计：用 Processing 进行编程完成页面交互。

项目资料收集、逻辑整理

静态图像：在 Procreate 及 Ai 中绘制元素，导入 Processing。

交互设计：在 Axure 中进行页面交互模拟。

作品展示视频二维码：

［项目2］ 中国疫苗及基因检测

作品名称：《免疫攻防》

设计者：张凯　邵美涵　江雨桐

2019—2022 年，世界新冠肺炎疫情全球大流行。根据全球新冠肺炎疫情实时统计数据显示，截至北京时间 2022 年 6 月 13 日，全球新冠肺炎累计确诊病例已经超过 5 亿例，累计死亡病例 630 万例，疫情使人类生存健康和全球经济带来巨大影响。受新冠肺炎疫情影响，多国经济出现下滑。为减缓疫情传播和新冠病毒的扩散，各个国家都在积极研制新冠疫苗。由于缺乏对于新冠病毒以及疫苗的科学知识的了解，人们对于新疫苗存在着种种不解与担忧，害怕注射疫苗后会给身体带来不良影响，影响身体健康。基于此，学生决定以人体免疫与疫苗为主题展开科普信息可视化设计。

设计内容一共包括三大部分：3 张科普信息可视化知识的展示海报；一套（9 张）移动端宣传信息图片，一个宣传视频。主视觉设计采用 3D 立体图形，帮助人们直观地了解免疫器官及免疫细胞；二维几何图形主要运用在流程展示、信息图标可视化等方面，设计清晰地展示反应过程，高效输出有效信息。海报主色调为蓝灰调，体现科技的严肃性。文字运用优设标题黑与微软雅黑两种字体，优设标题黑由黑体变换而成，无衬线，字体简洁大方，识别性更强。本设计的目标人群：A——想要了解人体免疫系统、免疫流程、疫苗源的群体；B——对新冠疫苗原理及安全性存疑的群体。信息可视化设计的主要内容主要围绕人体免疫系统和疫苗两大部分。

人体免疫系统是人体由免疫器官、免疫细胞、免疫活性物质 3 部分组成。作品主要展示了免疫器官，如扁桃体、胸腺、淋巴结、脾、骨髓、淋巴管等的位置及作用；免疫细胞的概念定义以及分化来由。作品还展示了保护人体健康的三大防线：第一道防线是皮肤、黏膜及其分泌物；第二道防线是体液中的杀菌物质（如溶菌酶）和吞噬细胞；第三道防线为特异性免疫，主要是免疫器官和免疫细胞借助血液循环和淋巴循环与抗原进行战斗。调研分析制作成图表型思维导图（图 6－15），以方便进行后续的信息可视化图表设计。

疫苗部分首先介绍疫苗的定义、疫苗五大制备原理及流程、疫苗作用流程，并介绍了2003 年以来的六大公共卫生事件。其次，披露了新冠疫苗的大量数据信息，主要讲述我国疫苗的研制、制备、接种、出口等现状，包括国内现批准使用的 5 家疫苗公司的三大类疫苗，以及三类疫苗的制备原理、接种流程；同时介绍了中国疫苗出口分布以及全球接种疫苗等内容。细胞建模草图如图 6－16 所示。

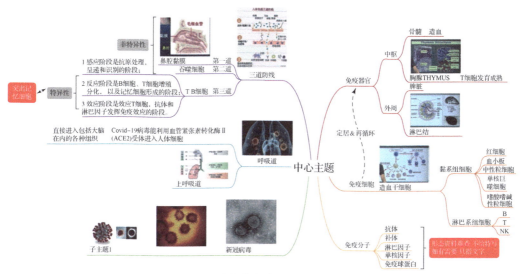

图 6－15　《免疫攻防》调研思维导图

3D、Encharts草图

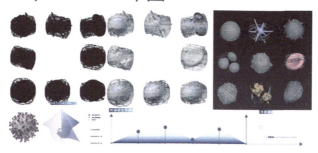

图 6－16　《免疫攻防》细胞建模草图

此项目希望能够通过科普信息可视化设计，给人们带来不一样的体验，帮助人们生动形象地了解新冠疫苗的安全性，呼吁更多的人去接种疫苗，为国家的免疫攻防贡献一份力量。作品完成图如图 6－17～图 6－19 所示。

项目设计制作说明

静态图像：在 Ai 中绘制图像，并修改 Echarts 文件中的颜色及形状，用 3D max 软件进行建模，渲染图像。

动态图像：用 Echarts 官网实例进行代码修改完成动态图像，用 3D max 软件进行建模和动态制作，用花火 Hanabi 官网实例进行数据修改完成动态图像。

视频图像：用 Pr 剪辑和视频制作效果，用 3D max 软件进行建模和动画效果。

作品展示视频二维码：

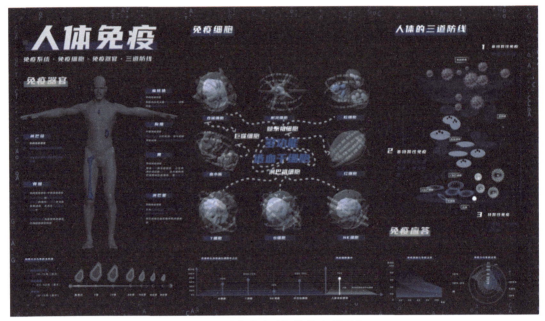

图 6 – 17　《免疫攻防》作品完成图之一

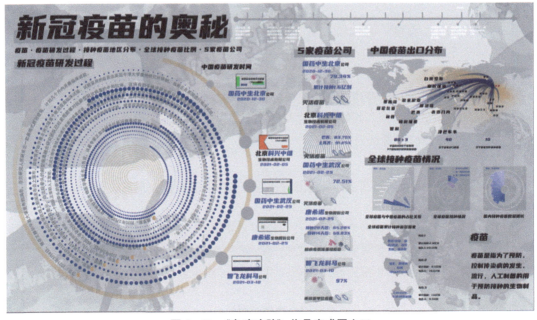

图 6 – 18　《免疫攻防》作品完成图之二

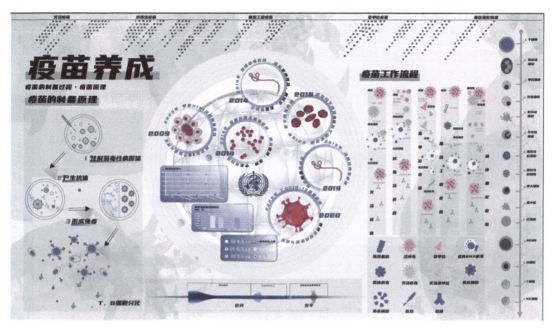

图6-19　《免疫攻防》作品完成图之三

[项目3] 深空探测技术中"火星探索"

作品名称：《"天问一号"火星探测》

设计者：高敏　王悦　杨慧敏

2000多年前，屈原在《天问》中发出了"遂古之初，谁传道之"的疑问。宇宙广大，人类也从未停止对浩瀚星空的憧憬与探索。随着2020年7月23日"天问一号"火星探测器升空，中国在探索宇宙的征途上又向前迈进了一步。在2021年5月，"天问一号"着陆火星，开展巡视探测等工作。因此，学生希望在这个时间点能够对中国探索火星的过程进行视觉可视化的呈现，以此向中国航天科技人员致敬。主页设计如图6-20所示。

信息可视化设计主要分为三大部分（图6-21）：介绍火星；各国探索火星；中国探索火星。

图6-20　《"天空一号"火星探测》主页设计图

图6-21　《"天空一号"火星探测》信息内容模块

第一部分，介绍火星科普内容，包括以下内容：

（1）火星与地球数据的对比，通过色块的形式呈现火星的直径、质量、自转轴倾斜度、引力、大气层、温度等。

（2）人类从肉眼观星时代到如今火星探测器时代的探索历程，以线性、剪影的方式呈现。

第二部分是各国对火星的探索，主要包括美国、俄罗斯、欧洲、日本、印度和中国。展示内容是收集与整理的世界各国探索火星数据。此外，对不同年份各国探索火星的次数和总次数、成败次数和成败总次数进行了梳理；对各国信息进行可视化的动态呈现，用户可以点击可视化图表获取详细信息。从这些图表中，用户可以看到各国探索火星的热潮时间以及探索火星的艰险程度。

第三部分是中国对火星的探索，首先对 2021 年中国、美国、阿联酋发射的 3 个火星探测器和运载器进行对比分析。美国"毅力号"火星探测器于 2021 年 2 月着陆火星，中国"天问一号"火星探测器于 2021 年 5 月着陆火星，阿联酋"希望号"火星探测器于 2021 年实现火星环绕。调研统计图表如图 6 – 22、图 6 – 23 所示。

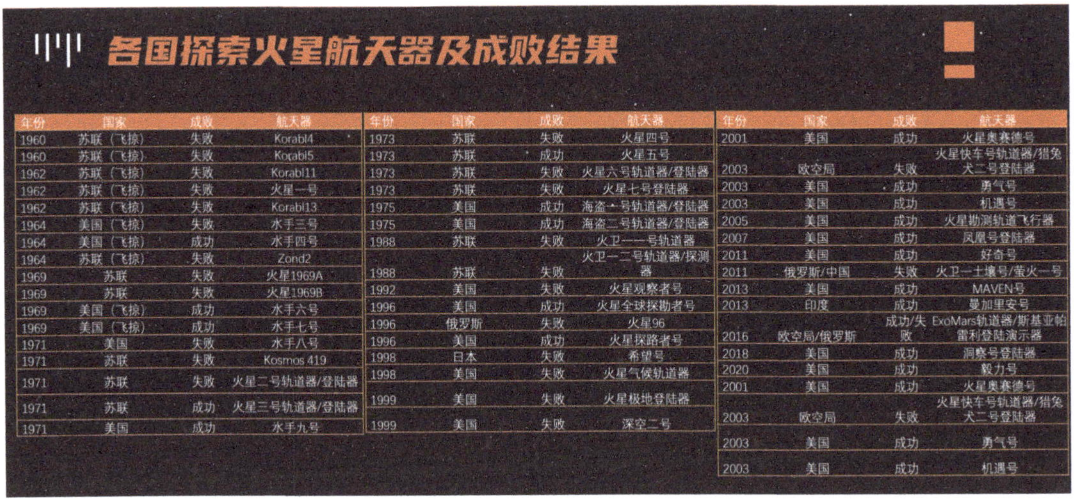

各国探索火星航天器及成败结果

年份	国家	成败	航天器	年份	国家	成败	航天器	年份	国家	成败	航天器
1960	苏联（飞掠）	失败	Korabl4	1973	苏联	失败	火星四号	2001	美国	成功	火星奥赛德号
1960	苏联（飞掠）	失败	Korabl5	1973	苏联	成功	火星五号				火星快车号轨道器/猎兔犬二号登陆器
1962	苏联（飞掠）	失败	Korabl11	1973	苏联	失败	火星六号轨道器/登陆器	2003	欧空局	失败	
1962	苏联（飞掠）	失败	火星一号	1973	苏联	失败	火星七号登陆器	2003	美国	成功	勇气号
1962	苏联（飞掠）	失败	Korabl13	1975	美国	成功	海盗一号轨道器/登陆器	2003	美国	成功	机遇号
1964	美国（飞掠）	失败	水手三号	1975	美国	成功	海盗二号轨道器/登陆器	2005	美国		火星勘测轨道飞行器
1964	美国（飞掠）	成功	水手四号	1988	苏联	失败	火卫一一号轨道器	2007	美国		凤凰号登陆器
1964	苏联（飞掠）	失败	Zond2	1988	苏联	失败	火卫二号轨道器/探测器	2011	俄罗斯/中国	失败	火卫一土壤号/萤火一号
1969	苏联	失败	火星1969A	1992	美国	失败	火星观察者号				MAVEN号
1969	苏联	失败	火星1969B	1996	美国	成功	火星全球探勘者号	2013	印度	成功	曼加里安号
1969	美国（飞掠）	成功	水手七号	1996	俄罗斯	失败	火星96			成功/失	ExoMars轨道器/斯基亚帕雷利登陆演示器
1971	美国	失败	水手八号	1996	美国	失败	火星探路者号	2016	欧空局/俄罗斯		调度号登陆器
1971	苏联	失败	Kosmos 419	1998	日本	失败	希望号	2018	美国		洞察号
1971	苏联	失败	火星二号轨道器/登陆器	1998	美国	失败	火星气候轨道器	2020	美国		毅力号
1971	苏联	成功	火星三号轨道器/登陆器	1999	美国	失败	火星极地登陆器	2001	美国		火星奥赛德号
1971	美国	成功	水手九号	1999	美国	失败	深空二号				火星快车号轨道器/猎兔犬二号登陆器
								2003	欧空局	失败	
								2003	美国	成功	勇气号
								2003	美国	成功	机遇号

图 6 –22 《"天问一号"火星探测》调研统计图表之一

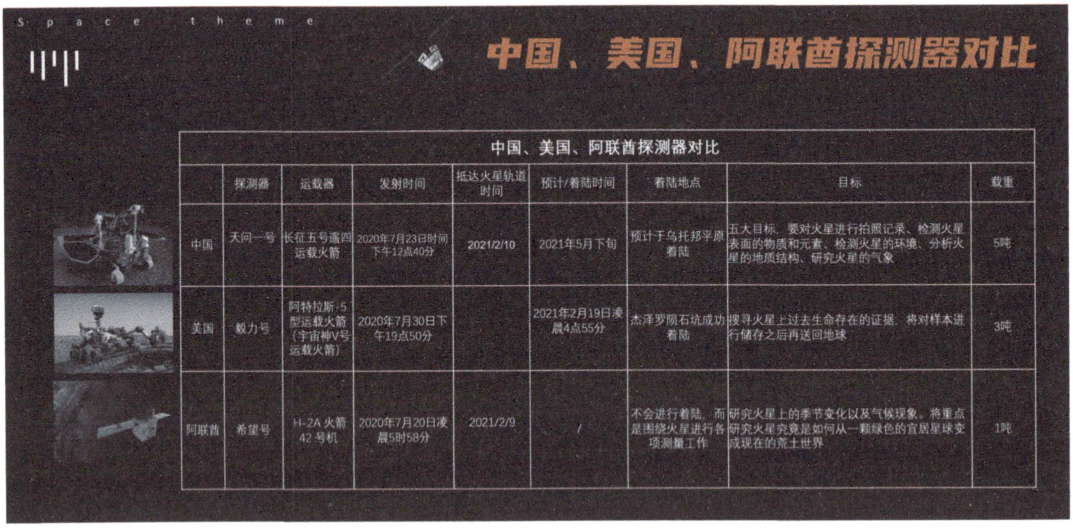

中国、美国、阿联酋探测器对比

Space theme

中国、美国、阿联酋探测器对比

	探测器	运载器	发射时间	抵达火星轨道时间	预计/着陆时间	着陆地点	目标	载重
中国	天问一号	长征五号遥四运载火箭	2020年7月23日时间下午12点40分	2021/2/10	2021年5月下旬	预计于乌托邦平原着陆	五大目标，要对火星进行拍照记录、检测火星表面的物质和元素、检测火星的环境、分析火星的地质结构、研究火星的气象	5吨
美国	毅力号	阿特拉斯-5型运载火箭（宇宙神V号运载火箭）	2020年7月30日下午19点50分	2021年2月19日凌晨4点55分		杰泽罗陨石坑成功着陆	搜寻火星上过去生命存在的证据，将对样本进行储存之后送回地球	3吨
阿联酋	希望号	H-2A火箭42号机	2020年7月20日凌晨5时58分	2021/2/9		不会进行着陆，而是围绕火星进行各项测量工作	研究火星上的季节变化以及气候现象，将重点研究火星究竟是如何从一颗绿色的宜居星球变成现在的荒土世界	1吨

图 6 –23 《"天问一号"火星探测》调研统计图表 2

　　该项目主要分析了中国"天问一号"探测器探索火星的数据，用线描的形式呈现"天问一号"探测器的组成（包括着陆器，轨道器和火星车），如图 6 - 24 所示；图 6 - 25 是"天问一号"探测器的发射过程和着陆过程（包括气动减速段、降落伞减速段、动力减速段、最终的软着陆阶段）视觉可视化。

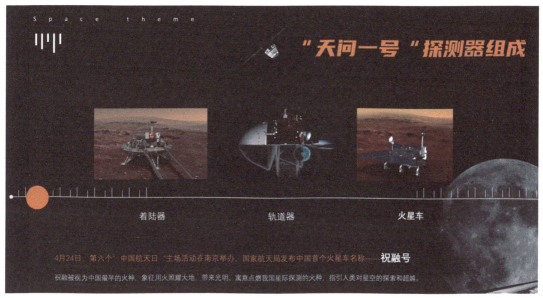

图 6 - 24　"天问一号"探测器组成

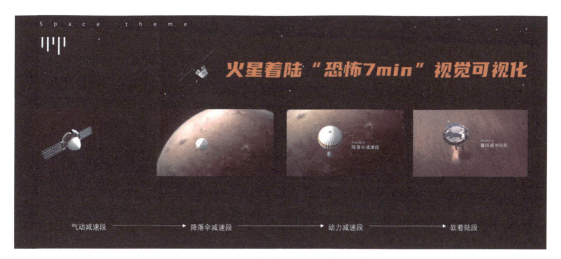

图 6 - 25　火星着陆过程视觉可视化

　　整体色彩应用方面，采取了黑色作为图表的背景，寓意为浩瀚的宇宙；主色调采用橙红色，代表火星。文字应用部分，主标题采用优设标题黑，副标题和正文采用思源黑体。设计元素部分，对于收集到的信息，主要以图表、线稿、色块的形式呈现，辅助图形有"屈原"剪影以及"星空"等；另外，对每张图的信息数据通过在版面中的占比以及色彩、明度来进行层级的划分，比如"天问"这个主体词以及"天问一号"探测器发射过程是重点呈现的部分，色彩上采用白色和橙红色，明度较高。火星介绍和各国探索火星为辅助信息，因此降低了版面占比和明度。

"天问一号"探测器在火星走出的每一小步，都是中国深空探测的一大步。"天何所沓，十二焉分。日月安属，列星安陈?"相信终有一天，人类会踏足其他行星甚至其他星系，但我们仍然希望能够记住"天问一号"，因为它寄托着我们几千年的问天梦想，承载着我们无穷的想象和勇气，因此，通过此次设计表达对火星探索的敬意。图6-26为设计作品完成图。

图6-26 《"天问一号"火星探测》作品完成图

项目设计制作说明

静态图像：在 Ai 中完成线稿的绘制，在 Ps 中完成整体排版。

动态图像：用 Echarts 官网实例进行代码修改，结合花火 Hanabi 官网完成动态图像。

视频图像：使用 Ae 剪辑制作视频，用 Pr 进行音乐处理。

作品展示视频二维码：

[项目4] 中国深海探测

作品名称：《深海的勇者》

设计者：柯一诺　贾靓琪　陈琦

人类社会的发展离不开对各种资源的开发和利用。在陆地资源逐渐枯竭的今天，人们把目光投向了深海大洋。深海资源的开发需要深海技术做支撑。深海潜水器发展技术水平是衡量一个国家深海技术的主要标志，也体现着一个国家对深海开发和利用的综合实力。载人潜水器作为一种深海运载工具，可将科学技术人员与工程技术人员以及各种电子装置与机械设备等快速、精确地运载到目标海底环境中，高效勘探测量和科学考察设备已经成为人类开展深海研究、开发和保护的重要技术手段和装备。载人潜水器与搭载人员配合，可以有效地收集信息、详细地描述周围环境、快速地在现场作出正确的反应。1953年，世界第一艘载人潜水器在美国诞生，自此世界各国载人潜水器技术实现突破性发展。图6-27为世界各国顶级作业型深海载人潜水器插图设计。

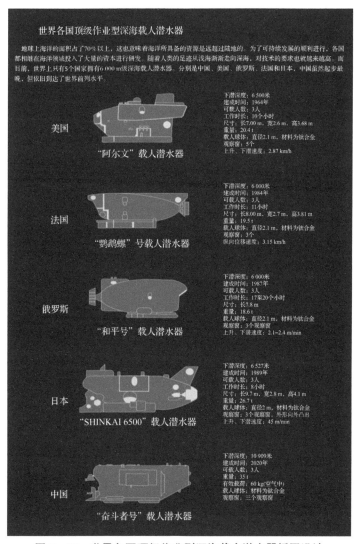

图6-27　世界各国顶级作业型深海载人潜水器插图设计

2009 年，中国第一台深海载人潜水器"蛟龙号"研制成功；2017 年 10 月 3 日，中国第二台深海载人潜水器"深海勇士号"载人深潜试验队在中国南海完成全部海上试验任务；2021 年，"奋斗者号"成功交付，完成了 21 次万米下潜科考任务。短短 12 年的时间，中国深海科技进入世界前列。中国深海载人潜水器插图设计如图 6 - 28 所示。

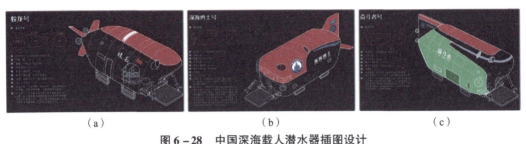

（a）   （b）   （c）

图 6 - 28   中国深海载人潜水器插图设计
（a）"蛟龙号"载人潜水器；（b）"深海勇士号"载人潜水器；（c）"奋斗者号"载人潜水器

青少年作为下一代社会中坚力量，独立意识逐渐完善，其情感体验从外显性、冲动性向内在文饰和理性方向发展，情感的表达更加具有社会道德感和责任感。依照青少年的心理以科普的形式对其进行科学知识的引导及培养，使他们了解更多科学知识，掌握科学方法，增强民族自豪感，形成具备爱国科学家潜质的青少年群体。

基于此，该项目设计标题名为《深海的勇者》，以适应青少年群体的情感体验。

第一板块以 2.5D 的中国三艘载人潜水器为主体，通过较为规整的立体卡通的形式吸引青少年的视觉；同时，在搭配平面图表及相关介绍，使青少年对中国载人潜水器的发展脉络有了一定的认知，并对后续章节产生兴趣。

第二板块以 Echarts 制成的中心散点图为主体，通过不同的色彩代表不同的载人潜水器，清晰地表明三艘载人潜水器下潜时间及次数；同时配以 Echarts 制成的平面图表，展示中国载人潜水器下潜位置、技术占比及最大下潜深度。

第三板块以宏观的角度进行结尾，立体地球作为视觉中心点。经过前面的铺垫，青少年对中国载人潜水器有了一定的认知，在此基础上将其整体视野引入进入世界范围，对世界载人潜水器的发展现状有所了解，使青少年清晰地感知，中国深海技术发展虽晚速度却很快，12 年的发展历程，通过中国深海科学家的努力，我国万米深潜次数和人数居世界首位。设计作品完成图如图 6 - 29 ~ 图 6 - 31 所示。

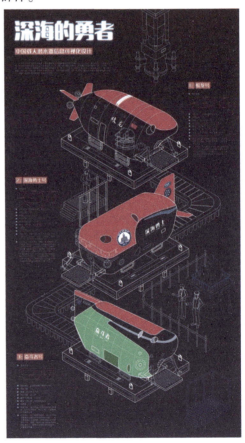

图 6 - 29   《深海的勇者》作品完成图 1

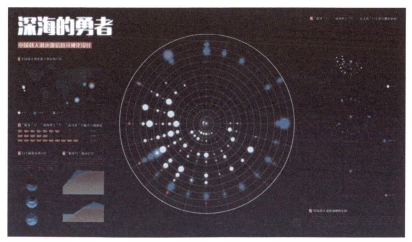

图 6 – 30 《深海的勇者》作品完成图 2

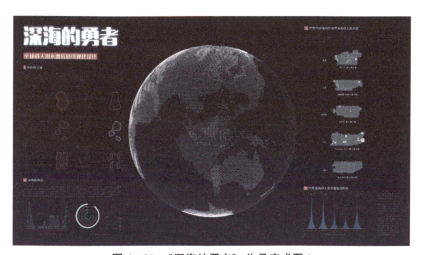

图 6 – 31 《深海的勇者》作品完成图 3

作品展示视频二维码：

[项目5] 生物育种海水稻种植

作品名称：《海水稻种植》

设计者：栾允梅 张梦圆 魏睿婕

21 世纪已经进入了"基因世纪"，生物大发展的背后也反映了人们对于食品种类及其安全等问题的关注，"生物文盲"以及所引发的社会舆论恐慌现象也迫切要求在全社会进行生物科普教育。传统的依托文字信息进行科普的形式显然不适合当今社会的快节奏发展，而晦涩深奥的内容也不能使大众有效接受，因此，学生采取了群众喜闻乐见的动画形式来讲解以遗传工程等杂交技术为基础的生物育种。

海水稻是一种介于野生稻和栽培稻之间的普遍生长在海边滩涂地区具有耐盐碱的水稻。海水稻比其他普通水稻具有更强的生存竞争能力，具有抗涝、抗盐碱、抗倒伏、抗病虫等能力。在对生物育种相关知识及数据进行收集和梳理筛选后，设计者选取了典型案例海水稻，进行相关知识的延展，展示海水稻相关数据，对海水稻生长阶段进行描述，最后加入价值高度的精神宣传。设计手段有生成设计、信息设计、IP 设计、3D 场景设计等。

在视频设计部分，片头设计使用 Processing 实现 IP 形象呈现，再由 C4D 展示动态效果，完成由二维至三维的动态 IP 形象展示。采用画外音的方式介绍相关背景。在 IP 形象设计上，以海水稻米粒为原型，设计了"米仔"与"米妞"两个卡通形象（图 6 - 32），采用拟人化手法使其更加轻松和易于被人接受。

图 6 - 32　海水稻米粒 IP 形象设计
1—"米妞"；2—"米仔"

视频片尾的 IP 形象运用了定格动画的方式，采用手绘描绘海水稻生长过程，展现了海水稻常规育种的步骤，画风轻松且和谐统一（图 6 - 33）。

图 6 - 33　《海水稻种植》动画设计

在信息可视化设计部分，主要以海水稻的关键数据（海水稻产量和专利申请数）进行数据展示，使用 Processing 和 AE 作为主要的辅助软件，将平面版面展示为动态数据图谱。作品完成图如图 6 - 34 所示。

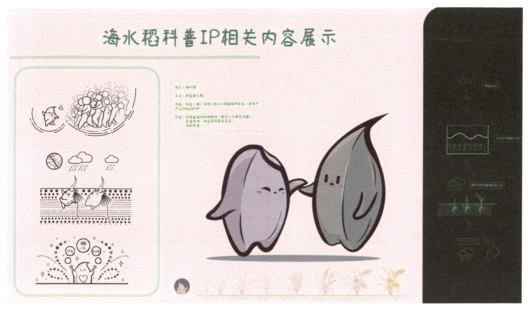

图 6 – 34　《海水稻种植》作品完成图

[项目 6] 空天科技

作品名称：《失落的碎片》

设计者：石依涵　刘安琦　刘畅

随着人类对太空探索技术的不断发展，向太空发射的航天器、火箭、卫星等人造天体也逐步增多，加之在马斯克提出的"星链"计划背景下，太空碎片垃圾问题变得日益突出。在这样的背景下，本作品以《失落的碎片》为主题，设计面向科技馆、天文馆、展览馆的科普展板以及相关衍生品。利用信息可视化的手段，对现存太空碎片的基本信息、轨道的碎片分布信息以及现存的碎片清理措施进行介绍，并对太空碎片的未来再利用进行探讨，从而让受众以更加客观、直观的方式对太空碎片有所了解。太空碎片现在是极难清理的垃圾，但是随着科学技术、航天技术的发展，太空碎片也许会变成可二次使用的实用材料。

该作品的平面展板色彩选用了蓝紫色调，表现航天器遗失在空中的失落感。视觉呈现采用水彩肌理与噪点肌理相结合的形式，具有浪漫、艺术、诗意的观感，视觉表现风格与主题《失落的碎片》相符。水彩肌理丰富了画面表现力，增添了艺术氛围。噪点笔刷的应用表现碎片与太空中的星星点点，使画面更有空间感。插图视觉风格如图 6 – 35 所示。

设计主题字体"失落的碎片"时，参考了阿尔茨海默病体的形式。横笔画为细虚线，表现航天器、卫星等人造天体在探索太空、帮助人类完成太空任务之后变成太空碎片，游离于太空之中被人类遗忘，具有的失落感。竖笔画为粗斜体，表现科技的力量。主题字体设计如图 6 – 36 所示。

信息可视化版面选用几何圆形星点叠加来展现地球、轨道和碎片之间的关系。动态视频中展现的是，从地球中心往外一层层转动、荡漾，表现碎片数量动态增长的视觉效果，主图色调与整体相统一，准确传递信息的同时又有审美效果（图 6 – 37）。第一、二个版面中的数据大多为 Echarts 数据分析之后根据数据形态进行了数据图形再设计，整体更加有设计感，同时具备数据准确性。

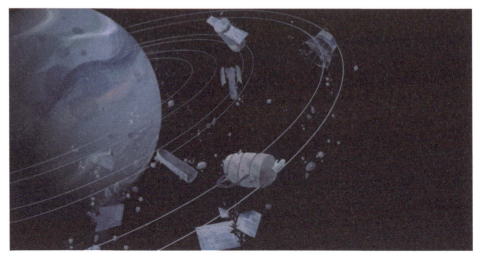

图 6 – 35　《失落的碎片》插图视觉风格

图 6 – 36　主题字体设计

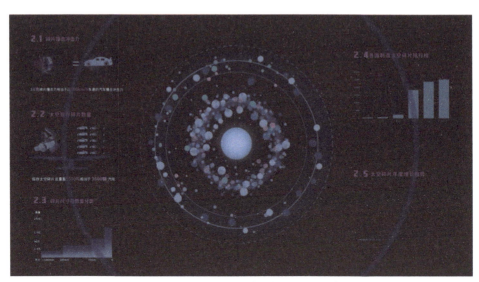

图 6 – 37　《失落的碎片》数据图形生成

　　第三个版面主要表达现存的太空碎片处理方式与未来虚拟回收方式模型，以及学生小组对未来利用太空碎片的可能性思辨探索。主图采用手绘的形式，将旋转的楼梯元素与废弃卫星相结合，表现人类对太空的探索不断向前发展。太空碎片处理方式部分的插图，是根据欧洲航空局现存的碎片治理方式的真实图片进行的插画形式的归纳，在保证准确性的同时呼应整体调性。在太空碎片未来展望部分，主要从太空碎片用作火星移民时的建筑材料、太空碎片根据年份作为纪念性定制礼物、太空碎片作为科普素材应用展览等几方面进行了思维发散的展示。插图细节如图 6 – 38、图 6 – 39 所示。

图 6 – 38　《失落的碎片》插图细节 1

图 6 – 39　《失落的碎片》插图细节 2

图 6 – 40 为完整设计作品完成图，设计者将该项目制作成线上虚拟展览的形式进行传播，并对展览及衍生品进行了一系列的视觉设计。展览衍生品设计如图 6 – 41 ~ 图 6 – 45 所示。

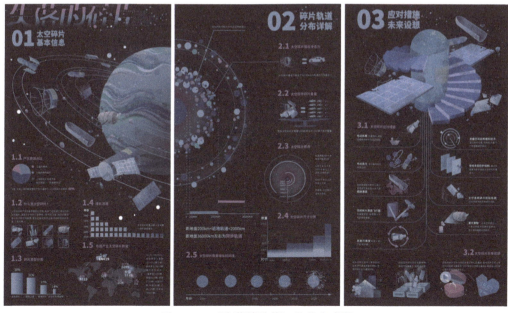

图 6 – 40　《失落的碎片》作品完成图

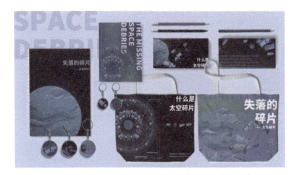

图 6 – 41　《失落的碎片》展览衍生品设计 1

图 6 – 42　《失落的碎片》展览衍生品设计 2

图 6 – 43　《失落的碎片》展览衍生品设计 3

图 6 – 44　《失落的碎片》展览衍生品设计 4

图 6 – 45　《失落的碎片》展览衍生品设计 5

作品展示视频二维码：

[项目7] 中国芯片制造

作品名称：《芯片工厂》

设计者：党林豪 李鑫禹 徐阳

工业4.0在信息化的基础上开启了智能化时代，芯片技术作为引领智能化发展的火车头，从科研、设计到生产制造，受到人们越来越多的关注。芯片制造是一个大难题。中国芯片的制造能力落后于外企，国产芯片发展受限。加上近几年来受到西方的打压，我国芯片开始出现产业短板，但这也加速了中国芯片的崛起，人们对国产芯片充满了信心。该设计项目组通过对芯片进行科学普及，旨在帮助大众建立对芯片知识的基本了解，了解国内外芯片行业发展现状。

三张信息可视化展板分别展示了芯片的原理、分类、发展历程、设计制造和行业现状。展板整体采用深色背景，蓝色和紫色作为主题色，整体风格充满动态的数字感和科技感。视觉风格方案设计如图6-46所示。

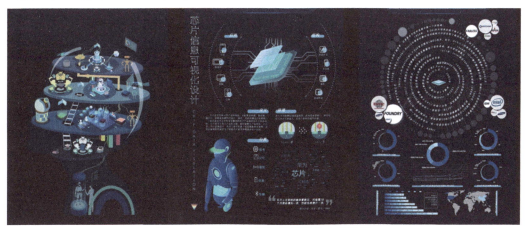

图6-46 《芯片工厂》视觉风格方案设计

"芯片概况"页（图6-47）对芯片的定义、结构原理、分类和应用等知识做整体呈现，具体内容为了解芯片、芯片分类、芯片的结构与应用、芯片的设计流程、芯片制造。背景采用了景深式的方形设计元素，引入观众视线。信息内容分别置于左中右分栏中，芯片的定义和原理以文字标签的形式呈现，芯片的分类与应用以图文结合的方式呈现。

"芯片工厂"页（图6-48）着重介绍芯片的生产制造。芯片的生产工序分为四大步骤：晶圆制作、光刻蚀刻、掺杂电镀和封装测试。主视觉图像是将一个智能机器人的大脑比作芯片工厂，以图像的形式分别在4个层面介绍芯片的制造流程，通过阶梯和管道将前后4个工序连接起来，最终生产出一枚智能芯片。芯片作为这个智能机器人的大脑，接受和分析人类的各种命令，进而指导机器人的各种活动。整体版面给人以杂志封面的视觉印象，配有文字和词组作为点缀，将芯片产业的核心内容简单明了地表现了出来。

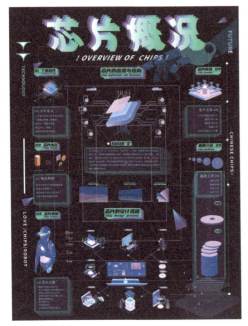

图 6 – 47 "芯片概况"页

图 6 – 48 "芯片工厂"页

"芯之历程"页（图 6 – 49）着重介绍了芯片的发展历程和行业现状。主视觉图像是由芯片领域的重要历史事件文字组成的关系线构成，具有继往开来的意义；在关系线的最外圈，展示了芯片行业 3 种主要的制造模式以及具有代表性的企业；其余的视觉内容主要是用 Echarts 绘制的图表构成，对芯片行业的市场规模、设计、制造、封测等重要数据做可视化呈现。

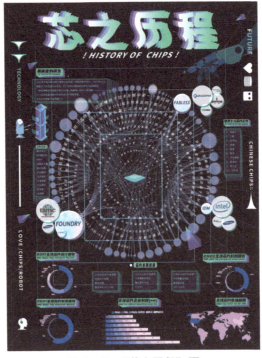

图 6 – 49 "芯之历程"页

视频作品的片头标志字体借鉴热门电视动画短片《爱，死亡与机器人》，将其改编为《爱，芯片与机器人》，旨在使观众通过观看本视频了解芯片与智能机器人的关系。视频的主要内容是通过动画与音频的形式展现智能芯片的制造过程，此外，还有一些重要数据穿插其中。整体风格平静而优雅，是一段科普类视频。视频的图像风格和主题色调与静态展板统一，将静态展板中无法呈现的内容进行补充，例如，图表的动画效果、生产工艺的动画效果、智能机器人在升级前后的对比等。

作品展示视频二维码：

［项目8］ 中国可燃冰探测

作品名称：《冰火长歌》

设计者：刘笑颜　张潇涵　王樱霓

当今世界，环境已不断向全球人类亮出"黄牌"，因此，寻找新型环保能源已成了刻不容缓的课题。地球的天气状况也频频出现中度污染、重度污染。科技工作者将煤、石油、可燃冰做了一系列对比后，发现可燃冰作为一种理想的替代能源，具有储量大、埋藏浅和清洁环保等特点，并且拥有远大的利用前景。此项目的设计目的是对可燃冰进行科学普及：什么是可燃冰？可燃冰的结构特点是什么？哪里有可燃冰？为什么要研究可燃冰？利用可燃冰的主要问题有哪些？项目旨在宣传我国在可燃冰领域的科学成就，提高公众珍爱地球资源、保护地球环境的意识。

海洋特别是深海，作为战略空间和战略资源，在国家安全和发展中的战略地位日益凸显，深海探测是建设海洋强国的战略需要。我国自1999年首次发现可燃冰之后，一直在勘测、研究、开采可燃冰，是继美国之后第四个通过国家级研发计划在海底钻研获得可燃冰实物样品的国家。我国准备在2030年开展海上大规模可燃冰商采，未来能源之星可燃冰将为人类作出巨大贡献。本项目信息可视化设计从多方面围绕可燃冰展开。第一是可燃冰本体的科普介绍（图6－50）；第二是全球可燃冰的相关数据信息展现（图6－51）；第三是开采可燃冰的技术方法和我国"蓝鲸1号"半潜式钻井平台的展示（图6－52）。

作品展示视频二维码：

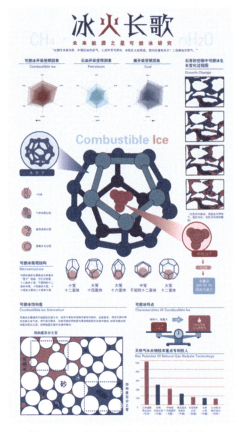

图 6–50 《冰火长歌》作品完成图 1

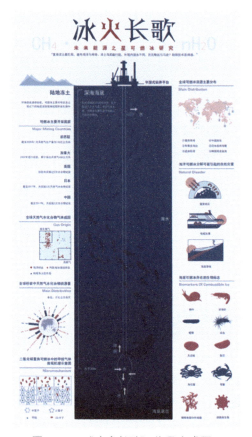

图 6–51 《冰火长歌》作品完成图 2

[项目9] 基因检测

作品名称：《基因密码》

设计者：苏雨夏　吴晓　徐佳楠

本项目利用信息可视化图表和建模渲染、插画等手法，通过对基因检测相关知识进行科学普及，以引起大众对于基因检测的重视和了解，呼吁人们能够利用基因检测技术，尽早发现疾病，提早预防疾病或采取有效的干预措施。

现代医学研究证明，除外伤外，几乎所有的疾病都和基因有关系。基因是 DNA 分子上的一个功能片段，是遗传信息的基本单位，是决定一切生物物种最基本的因子。基因决定人的生老病死，是健康、长寿之因，是生命的操纵者和调控者。基因检测是通过血液、其他体液或细胞对 DNA 进行检测的技术，通过特定设备对被检测者细胞中的 DNA 分子信息作检测，分析其所含有的各种基因情况，从而使人们能了解自己的基因信息，改善自己的生活环境和生活习惯，避免或延缓疾病的发生。

该作品设计定位是对成人进行信息科普，尤其是喜好新鲜事物的年轻一代。作品可以应用到科技、生物以及医疗相关展示的科普场景，也可以作为线上宣传科普的板块。该作品配色以蓝绿色为主，紫粉色为辅，整体风格上突出科技感与时尚感（图 6–53）。在设计过程中选择建模渲染，采用直观立体的图像有助于细节的展现。可视化数据图表能够清晰地展现相关数据，建模立体插画能够直观地展示人体器官和医疗信息（图 6–54）。

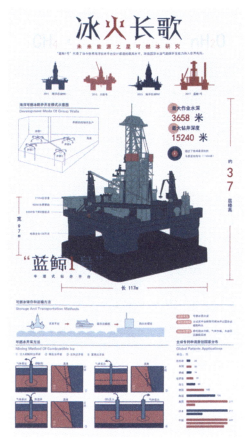

图 6 – 52 《冰火长歌》作品完成图 3

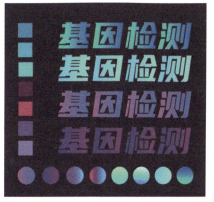

图 6 – 53 《基因密码》配色方案

图 6 – 54 《基因密码》草图与建模

本项目分为基因密码——科普篇、基因检测——科普篇、基因检测——应用篇，3 个板块。

（1）基因密码——科普篇：主要介绍基因基本概念以及遗传病相关知识。引用遗传病相关数据，在了解基因概念的基础上，对遗传病有客观的认识，即遗传病有时要经过几年、十几年甚至几十年后才能出现明显症状，也许一个看似正常的普通人身上携带着潜在致病基因，而采取预防疾病措施是目前最为安全有效的手段（图 6 – 55）。

（2）基因检测——科普篇：首先阐述基因检测的概念，然后对目前的基因检测技术进行系统的介绍，最后对基因技术在我国的发展状况进行梳理。数据图表显示，基因检测技术在我国的发展逐步走向成熟化（图 6 – 56）。

（3）基因检测——应用篇：围绕基因检测在医疗领域的应用，重点介绍基因检测在癌症以及在生育方面的重要作用，用可视化图表和人体模型插图展示相关数据，使普通人群对基因检测流程以及疾病数据有更加直观的认知（图6-57）。

图6-55 《基因密码》作品完成图1

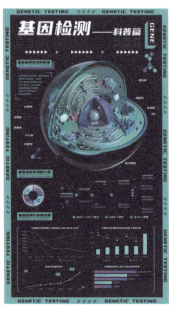

图6-56 《基因密码》作品完成图2

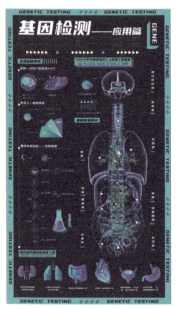

图6-57 《基因密码》作品完成图3

作品展示视频二维码：

[项目10] 汽车产业电动化、智能化、网联化发展

作品名称：《I. E. N 城市漫游》

设计者：袁若歆 宋新衡 齐帅兵

城市智能化发展迅速，智慧城市的概念已不再新奇，智能网联汽车也已成为热门词汇。该设计聚焦智慧城市背景下的汽车产业的新三化——电动化、智能化、网联化，旨在向大众科普何为智慧城市、何为汽车产业的新三化。设计者考虑到智慧城市的一系列概念为纯文字信息，难以通过静态图形和数据展示，便将该部分信息引入科普动画的制作上，即以2.5D的图形动画向用户解释新概念。该设计还涉及汽车产业新三化的数据，如5G基站、自动驾驶资金投入、充电桩等一系列数据。该设计通过将动画与动态图表结合，向用户传递信息，增强用户了解新信息的交互性，增强信息的趣味性。该设计摆脱传统的科技科普信息的科幻格调，将高深难解的科技信息生活化、趣味化，以轻松愉快的方式向用户科学普及智能高科技知识。

调研分析图表分别为电动化、网联化、智能化技术栈（技术栈，IT专业词）（图6-58）、软硬件一体智能驾舱设计架构（图6-59）、智能化网联化协同（图6-60）、未来出行服务范围（图6-61）。

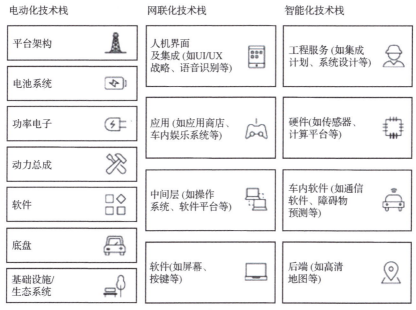

图 6-58 《I. E. N 城市漫游》电动化、网联化、智能化技术栈

图 6-59 《I. E. N 城市漫游》软硬件一体智能驾舱设计架构

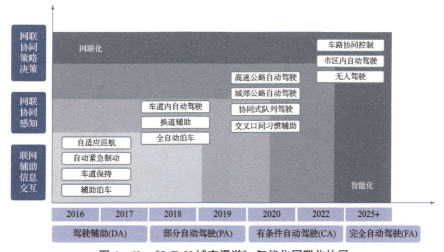

图 6-60 《I. E. N 城市漫游》智能化网联化协同

图 6-61 《I.E.N 城市漫游》未来出行服务范围

该项目可视化设计是一款网页端交互设计，用户可以在主页面选择进入城市，点选城市的各个元素（如智能信号灯、自动驾驶车辆、5G基站、充电桩），自由地了解各种信息和概念。进入城市页面，点击后还会出现城市的加载动画。点击城市元素后进入动画演示部分，用户通过动画切实了解各个元素是如何运行的。动画结束后，用户可以选择返回城市或者查看数据深入了解。查看数据结束后，页面自动返回主城市，供用户自由点选其他想要了解的元素。

项目小组成员将该设计的原型演示制作成了视频，通过视频可以清晰地了解到该设计的运作过程和交互逻辑。该项目设计特点如下：

（1）趣味性。该设计为一项趣味性科普信息设计，以2.5D卡通图形方式为用户介绍复杂的智慧城市与汽车产业新三化概念。

（2）生活性。该设计摆脱以往传统科技科普的深色风格，图形设计极具卡通化和生活化，降低用户理解高科技新概念的抵触心理。

（3）交互性。图形结合图表的设计形式将文字概念和数据信息结合起来，为用户展示两方面的科普信息。交互方式可以使用户自由选择自己想了解的信息。

信息可视化设计静态页面作品完成图如图6-62~图6-64所示。

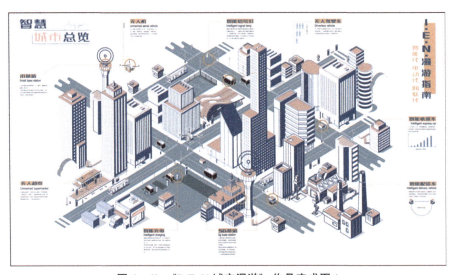

图 6-62 《I.E.N 城市漫游》作品完成图 1

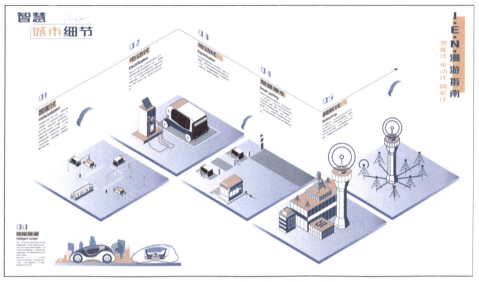

图 6-63 《I. E. N 城市漫游》作品完成图 2

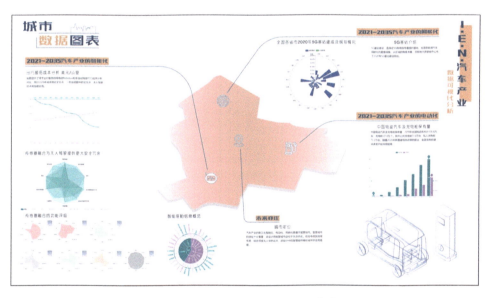

图 6-64 《I. E. N 城市漫游》作品完成图 3

作品展示视频二维码：

[项目 11] 核能源开发与运用

作品名称：《核能源》

设计者：何媛媛　方耀　李双旭

开发与运用核能源是促进我国发展的重要环节，尤其是在国内清洁型能源开发技术创新程度逐步加强的情况下，核能逐步成为国民经济和社会发展的主要应用能源形态。项目小组成员在前期调研资料收集过程中发现，公众对核电的认知还不够完全，普遍存在"谈核色变"的现象。因此，为了更好地推进核科普工作，本项目就进一步加强公众对核能源的正确认识进行设计，从图形设计、色彩搭配、数据生成和信息展示3个方面进行详细的表达。

（1）图形设计。图形设计具有其独特的视觉特征，即扁平化设计。扁平化设计除去冗余、厚重和繁杂的装饰效果，强调抽象、极简和符号化，使得信息具有十分清晰的条理，能够将主要信息简洁高效地传递给观众，从而大大提高图像的观赏性。在"核能源"展板界面设计中，画面主要以圆形、矩形、线条等简单的形状和扁平化的插画、卡通形象构成，画面既通俗易懂又突出了核心信息。较为复杂的设备画面展示不便于受众理解和记忆，比如核电站、核潜艇等。但扁平化的图形和可爱的卡通形象设计简化了复杂的信息，拉近了与公众的距离，并给画面增添灵动活泼之感。插图细节图如图6-65、图6-66所示。

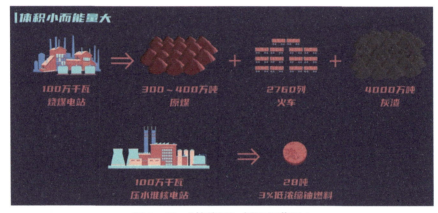

图6-65 《核能源》插图细节图1

图6-66 《核能源》插图细节图2

（2）色彩搭配设计。画面采用冷色调作为背景，配以暖色调的元素。冷色调给人一种理智、冷静的感觉，能够平复人们的情绪；暖色调则代表着热情、温暖。冷色调的背景向公众传递的信息是沉稳、可靠的，在一定程度上能够缓解公众心中的紧张和恐惧情绪。在冷色调的背景上放置暖色调的元素，能够起到突出、强调的作用，同时表现核能源的强大。这种方式的搭配使得画面在传递信息时更容易让观众接受，也更容易给观众留下深刻的印象。

（3）数据生成设计。在收集核能源的数据后，通过 Echarts 软件进行数据生成，借力互联网技术，将以往难以传递的信息，以可视化、互动化的形式展现出来，大大增强了用户体验，也展示了项目组对数据进行挖掘、整合的能力。

考虑到普通受众的知识背景和对核电的接受程度，为了给观众留下深刻的印象，在信息科普界面中塑造了一个可爱的原子卡通形象"小核"。卡通形象生动，达到了较好的传播效果。卡通形象演变过程如图 6 – 67 所示，卡通形象"小核"表情包如图 6 – 68 所示。

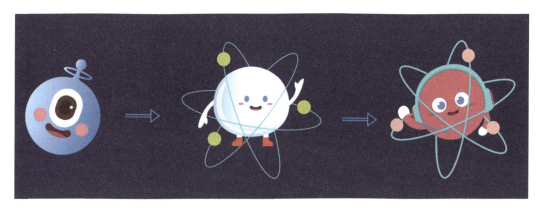

图 6 – 67　《核能源》卡通形象演变过程

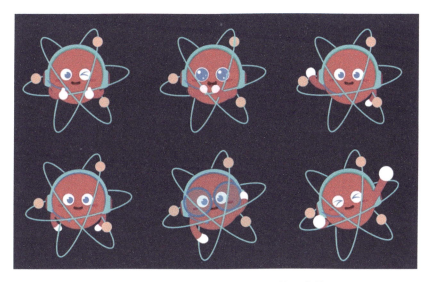

图 6 – 68　《核能源》卡通形象"小核"表情包

提高公众对于核能源的认识程度，将核科普知识用可视化的形式展现出来，能够收到更好的传播效果，助力我国核能源发展。作品完成图如图 6 – 69、图 6 – 70 所示。根据核能源的信息知识，项目组还设计了 H5 交互问答游戏，通过设置问题科普核能源基础知识，增加科普信息的趣味性。H5 交互游戏界面如图 6 – 71 所示。

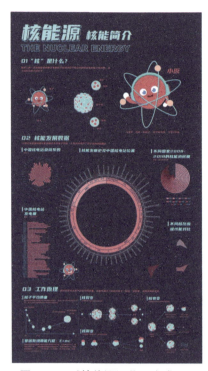

图 6-69 《核能源》作品完成图 1

图 6-70 《核能源》作品完成图 2

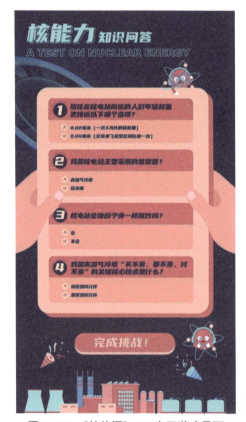

图 6-71 《核能源》H5 交互游戏界面

参 考 文 献

［1］伍蠡甫，胡经之. 西方文艺理论名著选编［M］. 北京：北京大学出版社，1987.

［2］Stuart K Card, Jock D Mackinlay, Ben Shneiderman. Readings in Information Visualization：Using Vision to Think［M］. Morgan Kaufmann Publishers，1999.

［3］Edward R Tufte. The Visual Display of Quantitative Information［M］. Graphics Press，1983.

［4］Jock D Mackinlay. Automating the Design of Graphical Presentations of Relational Information［J］. ACM Transact ions on Graphics，1986（2）：110 – 141.

［5］尼古拉斯·米尔佐夫. 视觉文化导论［M］. 倪伟，译. 南京：江苏人民出版社，2006.

［6］鲁虹. 图像时代的视觉转向［J］. 湖北美术学院学报，2006（2）：4 – 12.

［7］米歇尔·德·塞托. 日常生活实践［M］. 北京：北京大学出版社，2009.

［8］刘濯源. 赢在学习力［M］. 沈阳：万卷出版社，2008.

［9］张玉忠，杨蕾. "图像时代"下视觉传达无障碍设计研究［J］. 作家，2009（16）：259 – 260 + 266.

［10］李四达，信息可视化设计概论［M］. 北京：清华大学出版社，2021.

［11］陈超美. 科学前沿图谱：知识可视化的探索［M］. 陈悦，等，译. 北京：科学出版社，2015.

［12］Data Visceralization：Enabling Deeper Understanding of Data Using Virtual Reality，Benjamin Lee Dave Brown Bongshin Lee Christophe Hurter Steven Drucker Tim Dwyer IEEE Transactions on Visualization and Computer Graphics｜January 2021 Data Visceralization：Enabling Deeper Understanding of Data Using Virtual Reality，https：//arxiv. org/abs/2009. 00059.

［13］http：//www. flowingboundary. com/.

［14］DataQuilt – Extracting Visual Elements from Images to Craft Pictorial Visualizations，https：//dataquilt. github. io/dataquilt – paper. pdf.

［15］Dear Pictograph – Investigating the Role of Personalization and Immersion for Consuming and Enjoying Visualizations，https：//dl. acm. org/doi/fullHtml/10. 1145/3313831. 3376348.

［16］胡飞，杨瑞. 设计符号与产品语意［M］. 北京：中国建筑工业出版社，2003.

［17］柴昊，赵跃. 非物质文化遗产信息传播策略研究：基于 SMCR 模型的分析［J］. 河南大学学报（社会科学版），2020（5）：141.

［18］蔡孟裔. 新编地图学教程［M］. 北京：高等教育出版社，2000.

［19］地图［OL］.［2013 – 4 – 6］http：//zh. wikipedia. org/wiki/地图.

［20］Miles Harvey. The Island of Lost Maps：A True Story of Cartographic Crime［M］. Random House，2000.

［21］ Hsu，Mei－ling．The Qin Maps：A Clue to Later Chinese Cartographic Development ［J］. Imago Mundi．1993（45）：90－100．

［22］ 孙皓琼．图形对话——什么是信息设计［M］．北京：清华大学出版社，2011．

［23］ 树形图［OL］．［2013－4－26］http：//baike．baidu．com/view/4587358．htm．

［24］ typeisbeautiful［OL］http：//www．typeisbeautiful．com/2010/10/2987．

［25］ 伦敦地铁线路图［OL］．［2013－4－26］http：//zh．wikipedia．org/wiki/地铁线路图．

［26］ 唐纳德·A．诺曼．设计心理学［M］．北京：中信出版社，2010．

［27］ Benjamin B．Bederson，Ben Shneiderman．The Craft of Information Visualization ［M］. Elsevier，2003．

［28］ https：//www．informationisbeautifulawards．com/showcase/483－creative－routines．

［29］ https：//www．nikon．com/about/sp/universcale/scale．htm．

［30］ Grave M，Lelous Y，Duce D A，et al．Visualization in Scientific Computing ［J］．Computer Graphics & Applications IEEE，1987，7（10）：69－69．

［31］ 斯彭斯．信息可视化交互设计［M］．北京：机械工业出版社，2012．

［32］ http：//www．project－ukko．net/map．html#．

［33］ https：//echarts．apache．org/zh/index．html．

［34］ https：//www．aliyun．com/？utm_content＝se_1008364713．

［35］ 上海美术学院团队．《解构藏文》［EB/OL］．https：//v．qq．com/x/page/t3263rg503z．html．

［36］ 江南大学团队．《数据可视化|人工智能艺术|短视频扶贫|Invisible Pixel》［EB/OL］. https：//www．bilibili．com/video/BV1fq4y1j7QY？spm_id_from＝333．999．0．0．

［37］ https：//weibo．com/ttarticle/p/show？id＝2309404411030812885019．

［38］ https：//www．schwochow．de/favourite－projects/．

［39］ https：//www．lucasinfografia．com/CONTACT．

［40］ https：//www．behance．net/gallery/17724313/3D－World－Cup－Dataviz－Ball．

［41］ https：//yifangbao．me/polimivis．html．

［42］ https：//yifangbao．me/flower．html．

［43］ http：//www．scicom－lab．com/portfolio－items/explore－the－ocean/．

［44］ https：//multimedia．scmp．com/．

［45］ https：//www．nationalgeographic．com/．

［46］ https：//web．northeastern．edu/naturalizing－immigration－dataviz/．